脳と目の科学・1

ふしぎな目

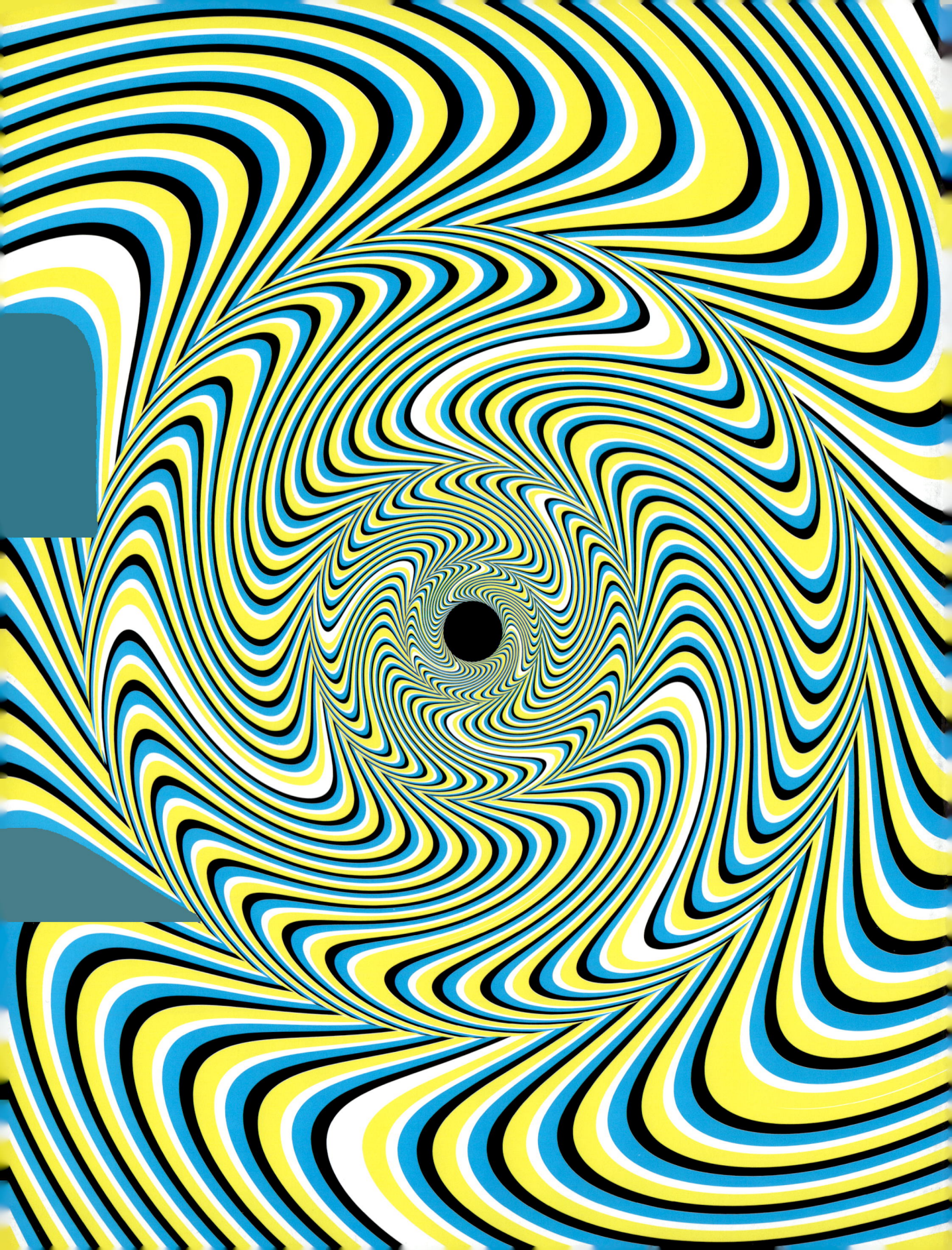

脳と目の科学・1

ふしぎな目

クライブ・ギフォード 著

ゆまに書房

※錯視には個人差があります。そのため、本書で解説している
とおりには見えないこともありますので、ご了承下さい。
（ゆまに書房 出版部）

もくじ

自分の目を信用できる？

人間に生まれてよかった！ なぜなら視力がすぐれているから。目のいい人はそのままでいいし、目の悪い人だってメガネやコンタクトレンズで矯正したり、レーシック手術を受けたりできる。目が受け取った視覚情報は、とても細かいことまで働き者の脳へ送られる。人間にはすばらしい目と非常にかしこい脳があり、この2つが協力して視覚が正しく形成されるのだ。視覚のおかげで、身のまわりの世界を見て理解することも、さまざまな色や形、物体を認識することも、細かいものを見つけることも、超ワイドスクリーンに映ったパノラマ映像をうっとりと眺めることもできる。この本を読むことができるのも視覚のおかげだ。

この本で出合える
いろいろな錯視を
ちょっとだけ紹介しよう。

でも、いいことずくめではない。目や脳だって100パーセント信頼できるわけではなく、いろいろな目の錯覚が起こると、ものが違ったふうに見えることがある。この本にはトリッキーなイメージが満載だ。遠近感を利用したストリートアートや、色や奥行き、図形や空間の性質を利用した幾何学的な錯覚イメージを見ていくと、わたしたちの脳と目がどんなふうに働いているかがわかってくる。「盲点」、「桿状体」、「錐状体」、「視覚情報の処理センター（つまり、脳）」、「脳が左右の目から入った情報をどのように統合してひとつのイメージにするか」を学んでいこう。読み終われば、「すごい！ 目が混乱した！」となるはずだ。ただし、一部のイメージについては錯視（視覚の錯覚）が起こる人と起こらない人がいる。だから、錯視が起こらなかったからといって、心配することはない。

水から出た魚

右の水槽に魚は入るだろうか？ではここで、ヒントを。まず、魚を45秒間じっと見つめること。これと同じタイプの錯視は24ページと25ページにある。

立方体の数

この絵にはいくつの立方体が描かれている？　本を90度回転してから、もう一度、見てみよう。今度はいくつ？これと同じタイプの錯視は52ページにものっている。

色の錯覚

この立方体は神経科学者、R・ボー・ロットがつくったもの。いくつの色が使われている？　答えを見たら、きっとびっくり。28〜31ページで色の錯覚についてもっと紹介している。

答えは
63ページ

トリッキーな弧

3本の弧を円に復元したとき、一番大きくなるのはどれ？　わかった？　これと同じタイプの大きさの錯覚は、32〜35ページで見られる。

らせん？　円？

ここに描かれているのはらせん？　それとも円？　その答えに自信がある？　もう一度、よく見て。これはカフェウォール錯視といって、39ページのイメージも同じタイプだ。

もっと脳のことを知ろう

考えたり、計画したり、夢を見たり、行動したりといったすべてのことが起こる場所、それが脳だ。脳は体の各部分をすべてコントロールし、経験した外界を感知し、記憶にとどめる。そんな脳の重さが人間の場合、2キログラムもなく、大きさは小ぶりのカリフラワーくらいと聞くと、びっくりするかもしれない。

脳を守る頭蓋骨は、「骨でできたヘルメット」で、すぐ内側にある髄膜と髄液が脳の保護に一役買っている。その内側（脳の最も外側）を大脳皮質といい、左右の大脳半球に分かれている。大脳半球は2億5000万の神経線維を束ねた脳梁でつながっている。その他の神経系は脳幹と脊髄を経由して大脳全体に連絡している（神経系については10ページを参照）。大脳半球はいずれも葉という部分に分けられる。それぞれの葉は異なる仕事を受けもっている。脳では実にたくさんの仕事が進行しているので、大量のエネルギーを消費する。その量はなんと、体全体の消費量の5分の1に達する。

前頭葉

前頭葉は深い思考、たとえば技術を身につける方法や真実を学ぶ方法、目標達成に向けたステップの計画などを受けもっている。また、筋肉や体の意識的な動きをコントロールするのも前頭葉だ。

側頭葉

大脳の両側の下のほうにある側頭葉は、記憶と特殊なものごとの認識にかかわっている。

脳幹

大脳と脊髄をつないでいるのが脳幹だ（11ページ参照）。体内で無意識に起こる反射、たとえば食物の消化、心臓の拍動、呼吸などをコントロールしている。

小脳

小脳は筋肉へ送るシグナルを調整するまとめ役だ。そのおかげで、体をスムーズかつ正確に動かせる。体のバランスを保ったり、空間や物体間の距離を把握するのも小脳だ。

頭頂葉

頭頂葉はとにかく忙しい。指先で触れたものが何であるか教えたり、痛みや高温、低温を感じたときは警報を発したり、字を書く、絵を描くといった作業をコントロールしている。

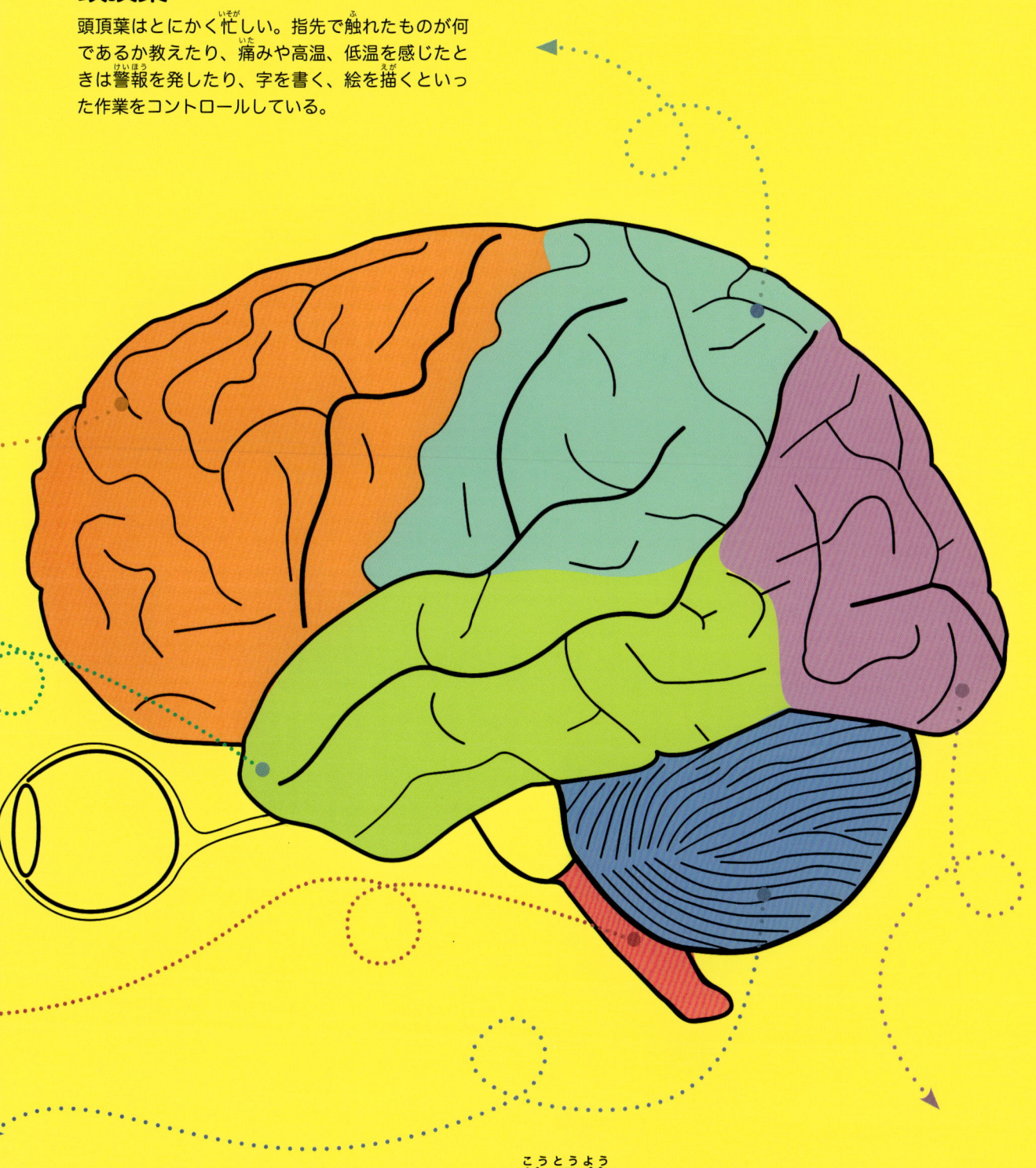

後頭葉

脳の後方にひっそりと構えている後頭葉は、目から視神経を通って送られてきたシグナルを処理して視覚に変換する。また、形や色を認識しているのも後頭葉だ。

神経網
とは何か？

　脳は、ちゃんと働くために、体のあらゆる部分から送りこまれる大量の情報を必要としている。大量の情報で、体がどのように機能しているかを大脳に知らせ、外界に関するデータを大脳から体へ送る。神経系は体の情報が通過するハイウェイだ。神経系は何億もの神経細胞（ニューロンとよばれる）から成り立っている。ニューロンは束となって神経線維となり、体中に広がる。

　神経のシグナルは微弱な電気インパルスだ。シグナルは、脳に入るときも脳から出るときも、神経線維を一方向に進む。感覚神経は目、耳、皮膚などから脳へシグナルを伝える。運動神経を伝わるシグナルは逆方向、つまり、脳から筋肉に伝えられ、体の各部位がうまく動くように、筋肉に弛緩または収縮するよう指示を出す。

末梢神経

体の各部位からのシグナルは、末梢神経の神経線維をへて脊髄へ伝わる。

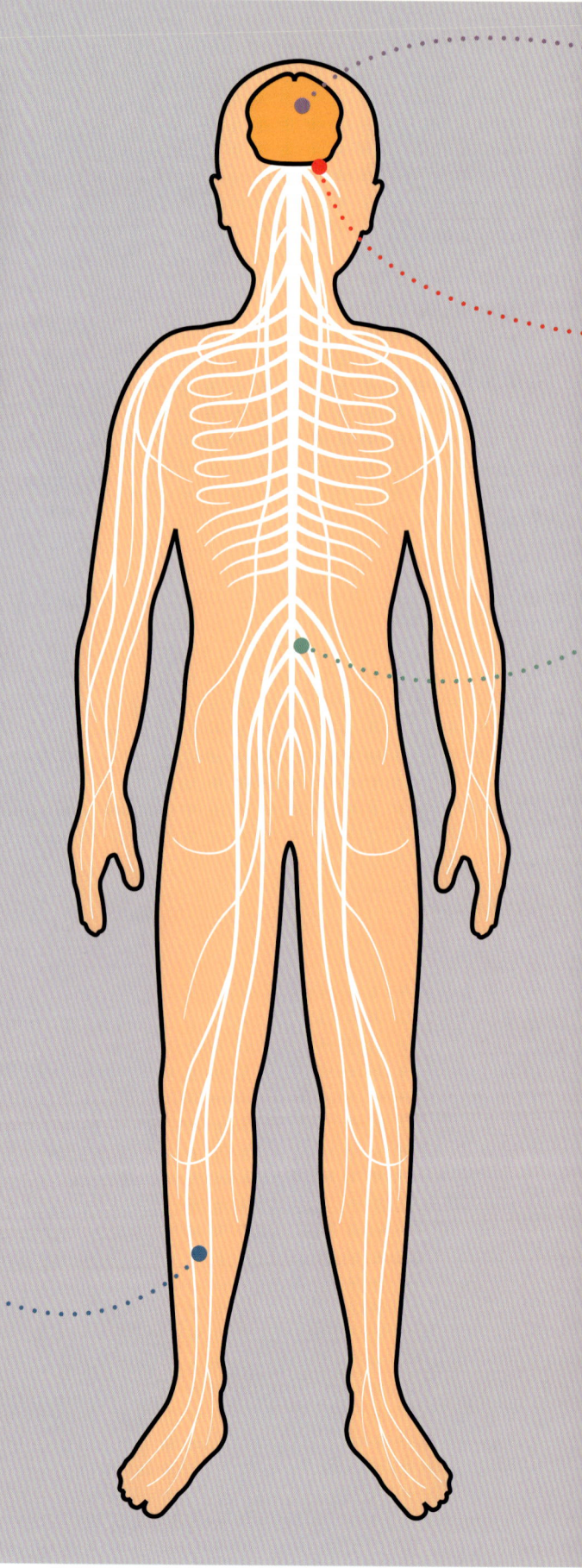

脳

脳と脊髄をあわせて中枢神経という。
脳はその大きさからは想像もつかない
ほど大量の仕事を管理している。脳は
何百万ものシグナルをさばいているの
だ。

▶ 視神経

1秒間に数百万ものシグナルが目から発
信され、左右の目にはそれぞれ専用ハイ
ウェイ、すなわち視神経がある。

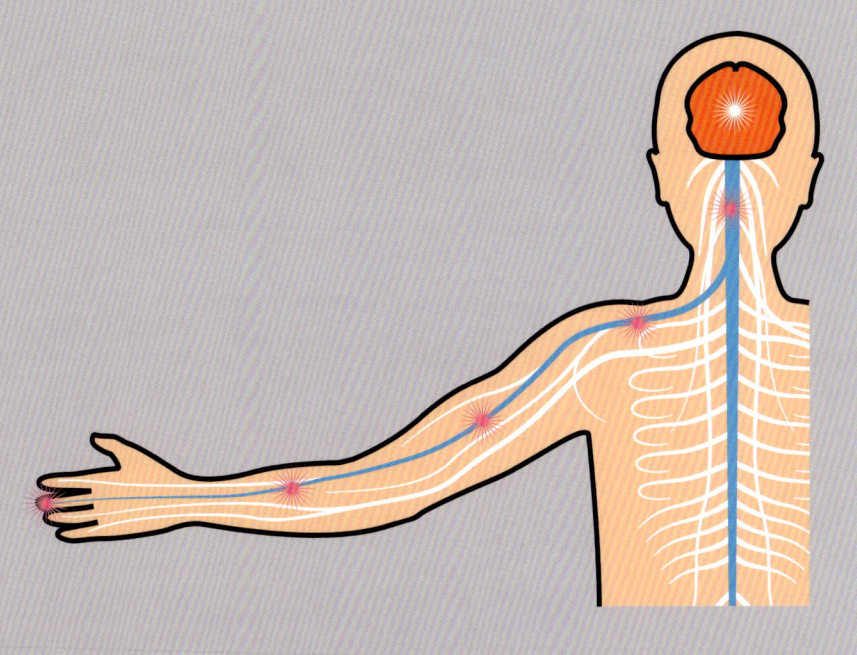

脊髄

脊髄は索状神経組織（神経がより合わさっ
て縄状になった組織）で、脊椎を通過する。
成人で長さ43～45センチメートル、重
さ約25グラムだ。大量のシグナルが脳幹
を経由して脊髄から脳へ送られ、また逆に、
脳から脊髄へ送られる。

シグナルは走る

とがったものに触れると、皮膚の痛点
は指の感覚神経を通じてシグナルを送
る。神経線維を走るこのシグナルは、
秒速120メートル（時速約430キロ
メートル）で伝わる。脳はすぐさま、
運動神経を介して指の筋肉に、次の
ような指示を返してくる。「痛みの原
因から指を離しなさい」と。

固有受容感覚：位置と運動の感覚

　体は常に神経系を通じて情報を送り、個々の部位
の位置を確かめている。これをしないと、しょっちゅ
う場所がこんがらがって、まごまごしてしまうだろ
う。体の部位の位置関係を正しくとらえることを固
有受容感覚という。

　どういうことか、実際にやってみよう。左腕を頭
にのせて目を閉じる。そうして右手の人差し指で鼻
を触ってから左手の親指に触れてみよう。見なくて
も指はちゃんと目標にたどり着いたはずだ。これは
神経系が鼻と腕と指の位置についての情報を脳内で
常にアップデートしているからだ。

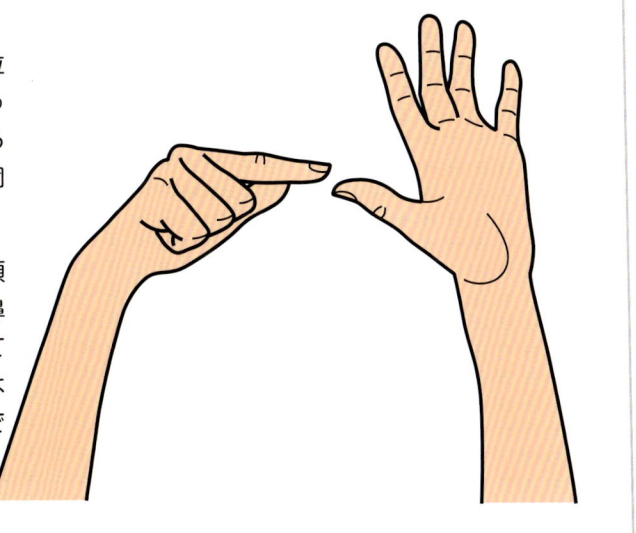

目の
しくみ

目は頭蓋骨の眼窩に収まっている。目を保護しているのはまつげ、まぶた、そして涙点だ。まつげは上から落ちてくるゴミなどから目を守り、まぶたと涙点は数秒ごとにまばたきをしてワイパーのように目の表面をそうじする。涙液は塩からく、涙腺（アーモンドくらいの大きさ）から分泌される。もうひとつ、目の保護にかかわっているのが角膜だ。丈夫で薄い透明な膜で、目をおおっている。

光は角膜と瞳孔という暗色の小さな穴を通って目に入る。続いて光は透明な水晶体を通過する。水晶体は光を屈折させて、目の後ろ側にある網膜に焦点を合わせる。網膜には1億2000万〜1億3000万の桿状体、錐状体とよばれる特殊な細胞があり、光を感知して微弱な電気シグナルに変換する。さらにいくつかの処理行程をへて、シグナルは視神経を伝わって脳へ送られる。

角膜

角膜は湾曲した透明な膜で目の前面をおおっている。虹彩と瞳孔を保護し、光を一点に集めるのに一役買っている。

瞳孔

目の中心にある黒い孔が瞳孔で、光はここへ吸いこまれる。

虹彩

虹彩には色がついている。灰色、緑色、青色、褐色が一般的だ。虹彩の内側より（水晶体と接する部分）には微小な筋肉があり、瞳孔の大きさを変えて、入ってくる光の量を調節している。

水晶体

透明で凸レンズの形をしている水晶体は、光を屈折させて目の後ろにある網膜に焦点を合わせる。水晶体は毛様体筋によって位置が保たれている。

強膜

眼球の大半を包んでいるのが、この丈夫な強膜だ。白目の部分が強膜だ。

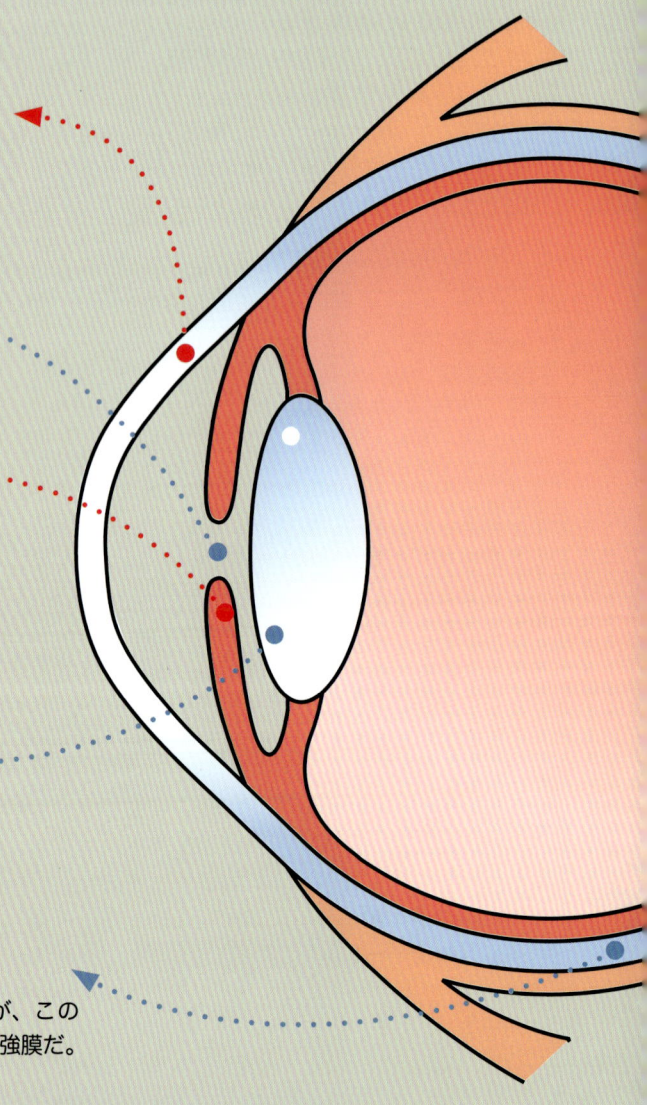

色覚異常

大なり小なり色覚に異常のある人がいる。こうした人たちは錐状体が少ないか、まったくないか、あるいはあってもうまく機能していない。1色覚は色の識別がまったくできない状態をいい、発症はまれである。色覚異常でよくみられるのは、赤と緑の識別が困難なタイプだ。色覚異常の検査にはここに示した石原式色覚異常検査表が利用される。何が見える？　答えは63ページ。

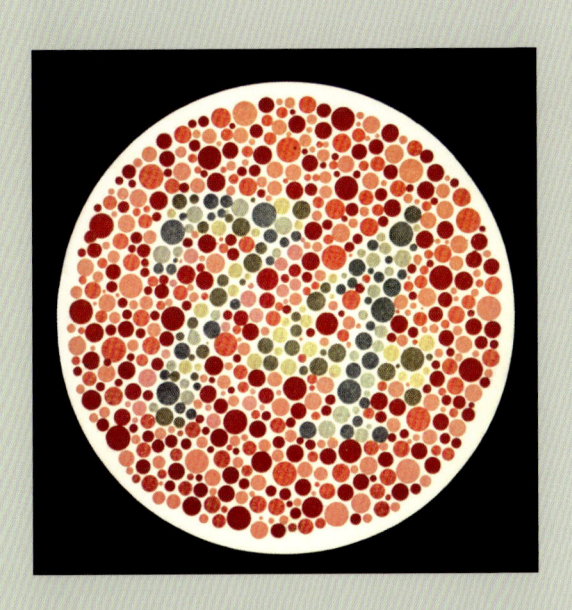

網膜

網膜は目の後ろ側にあり、1億を超える視細胞が並んでいる。視細胞には桿状体と錐状体があり、特定の波長の光に反応し、電気シグナルに変換する。桿状体は明暗、形、動きに感受性が高い。明るさにとぼしい場所でもものが見えるのは桿状体のおかげだ。錐状体は色に感受性が高い。錐状体は桿状体よりも数がずっと少ない。

視神経

左右の視神経は約100万の神経線維からなり、目から脳へシグナルを伝える。

硝子体

硝子体を忘れてはいけない。無色でゼリー状をしていて、つめ物の役割をしている。目の80パーセントは硝子体で、これがないと目はぺちゃんこになってしまう。

水晶体

のしくみ

瞳孔と虹彩の後ろに位置する水晶体は、ものを見るうえで欠かせない。水晶体の前面と後面は外側にふくらんでいる。この形のために、水晶体に達した光は屈折して進路が変わる。見ようとする対象物が像として焦点を結ぶのは、光が屈折するからだ。

光にはまっすぐ進もうとする性質がある。しかし、目に到達すると2回曲がる。まず、湾曲した角膜で曲がって、瞳孔に入る。瞳孔は入ってくる光が少ないと大きく開いてもっと光を取り入れようとするし、光がまぶしいときは小さく開く。瞳孔から入った光は水晶体に到達すると、もう一度曲がる。鮮明な像を結ぶように焦点を合わせるには、近くからの光は遠くからの光より大きく曲げる必要がある。そのため、見る対象の位置によって水晶体は厚くなったり薄くなったりする。

上下左右さかさま

風景やこの鳥のような物体を見るとき、光は目に集まる。集まった光は水晶体で屈折し、目の後方の網膜で鮮明な像が結ばれるが、上下左右がさかさまだ。でも、心配無用。この情報は脳の視覚中枢へ運ばれ、そこで上下左右の向きを正しくして認識される。

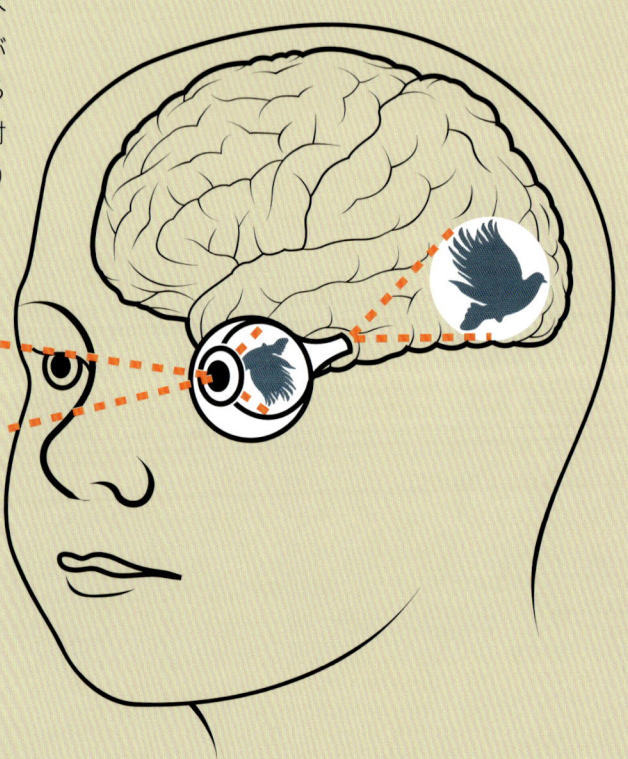

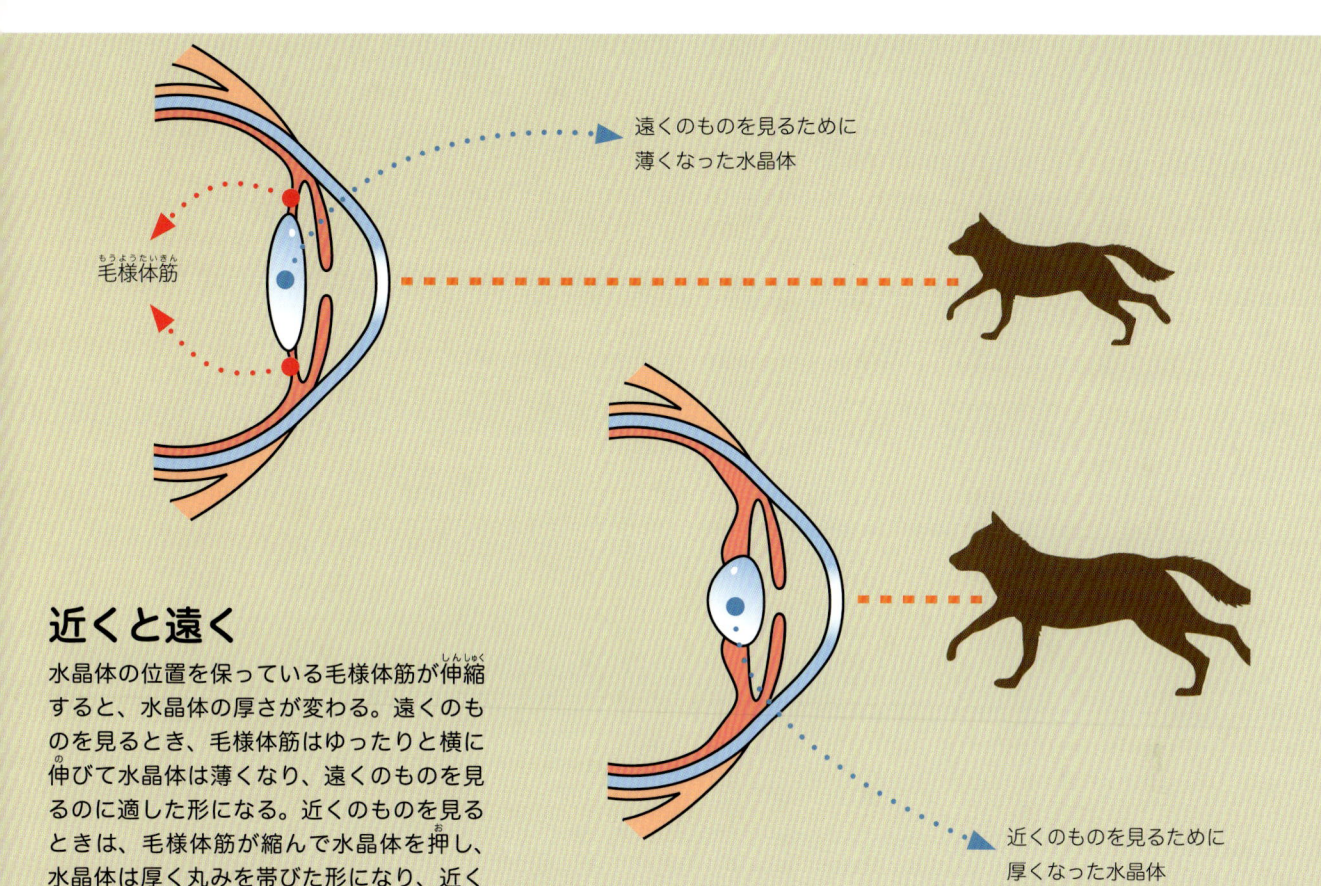

遠くのものを見るために
薄くなった水晶体

毛様体筋

近くのものを見るために
厚くなった水晶体

近くと遠く

水晶体の位置を保っている毛様体筋が伸縮
すると、水晶体の厚さが変わる。遠くのも
のを見るとき、毛様体筋はゆったりと横に
伸びて水晶体は薄くなり、遠くのものを見
るのに適した形になる。近くのものを見る
ときは、毛様体筋が縮んで水晶体を押し、
水晶体は厚く丸みを帯びた形になり、近く
がよく見えるようになる。

ピンホールカメラをつくってみよう

　ピンホールカメラをつくると、目の働きがよ
くわかるだろう。用意するものは厚紙の筒（底
がついているもの。ポテトチップスの容器など
が使える）、ワックスペーパーやパラフィン紙
などの半透明の薄い紙、輪ゴム、コンパス。まず、
筒の底よりも1回り大きくワックスペーパーを
丸く切りぬく。しわを伸ばして筒の口をぴっち
りおおい、輪ゴムでとめる。最後に、コンパス
で筒の底に小さな穴をあける。カーテンを閉
めて部屋を暗くし、カーテンのすきまからピン
ホールを外に向けて、明るい外のようすを見て
みよう。ワックスペーパーに映ったイメージは、
上下左右がさかさまになっているはずだ。

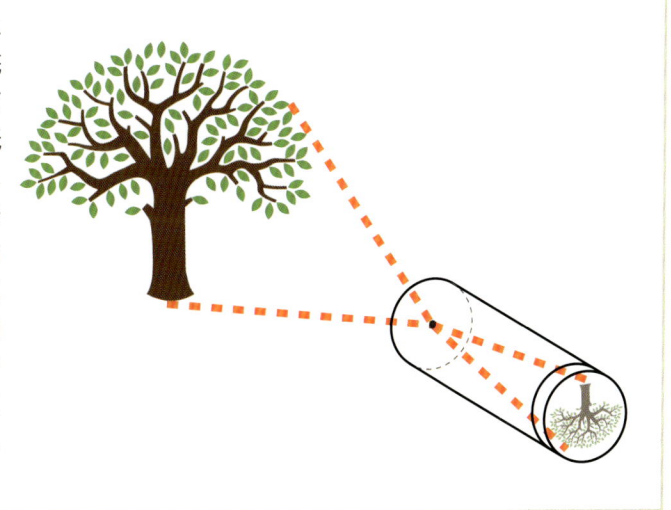

だまされるな！

目には強力なオートフォーカス・システムが備わっている。オートフォーカスといえば、デジタルカメラを思いうかべるかもしれないが、焦点の合わせ方が少し違う。デジタルカメラの場合、焦点は固定される。一方、目がじっと動かずにいることはめったになく、目の前の光景をスキャンするときには、たえず微動している。この微動はみずからの意思に基づかない動きで、科学者は固視微動とよんでいる。目は、焦点がき

ちんと合うように頻繁に水晶体の厚さを微調整している。こうした目の動きのために起きる錯視がある。大きさが変化してみえる錯視、近づいてきたりページの上で動いているように見える錯視などがある。このような「動く錯視」が起こるメカニズムは、科学の力をもってしても、完全には解明されていない。それでも錯視はとてもおもしろい。

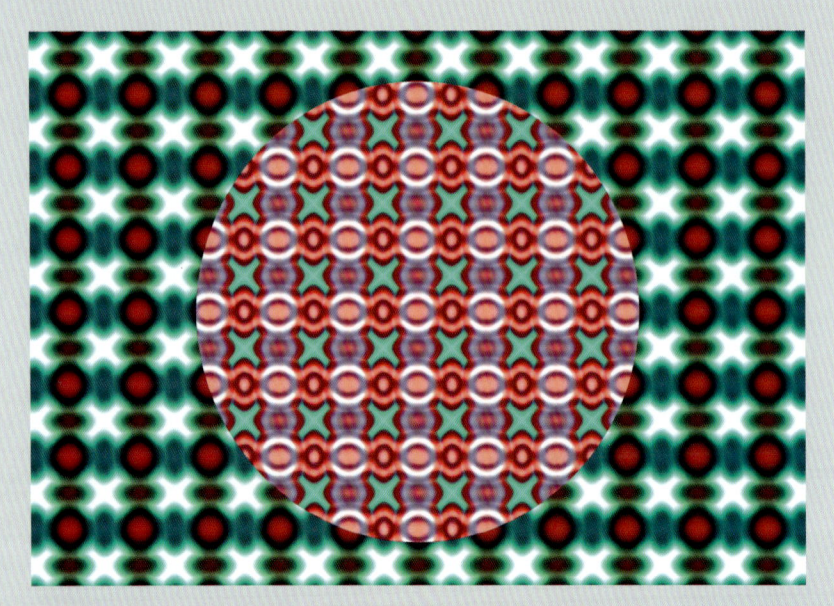

見せかけの奥行き

上の絵の模様入り背景と円が描かれている紙の面は同じだ。ところが、ぼんやりした背景のせいで、円が飛び出してういているように見える。目と脳がだまされているのだ。この現象を見せかけの奥行きとよぶことがある。

大きくなるダイヤ

下の絵に焦点を合わせ、じっと見ているとダイヤモンドが大きくなったように見えるだろう。何が起きているかというと、ダイヤモンドに焦点を合わせていると、背景がフェードアウトしていくように見えるため、ダイヤモンドが大きくなったと錯覚するわけだ。

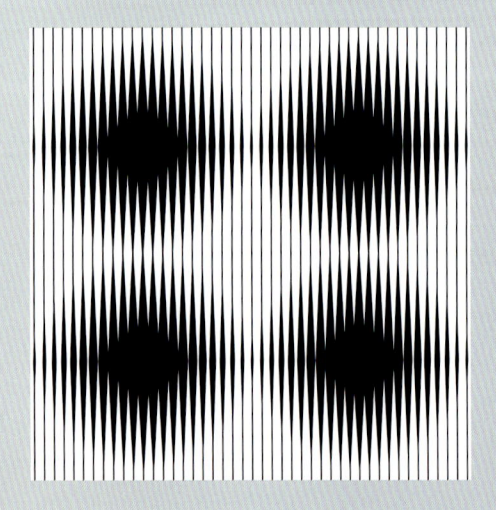

ゆれる葉っぱ

葉っぱは動いていない。誓って。でも、脳はだまされている。並んだ葉っぱの角度と葉っぱのふちの明暗のせいで、葉っぱがゆれたり、流れたりしているように見えるだろう。

動き出す絵

光を当てて、少し遠くからこのイメージを見てみよう。2〜3秒もすると、絵が動きはじめる。内側は中心に吸いこまれるように、外側は外へ逃げていくように。「動く錯視」が起こるのは、目が常に動いていて、見る対象をスキャンしているからだ。

ぐるぐる、めまい

イメージがゆれたり大きくなるように見えることが錯視のすべてではない。回転しているように見えるものもある。16〜17ページに「動く錯視」があるが、ここに示したイメージでは影や色、形によってうねりや回転が生まれる。目がイメージの全体像をとらえようとして動くためだ。パターンのなかの異なる色が発する光の量の違いも「動く錯視」が起こる一因だ。

「動く錯視」の分野では立命館大学の知覚心理学者、北岡明佳教授が第一人者だ。ラットとマウスの穴掘り行動、サルの思考についての研究をへて、現在は人間の視覚をテーマとしている。教授自身、たくさんのみごとな錯視を作成している。そのうちのいくつかをここでお見せしよう。

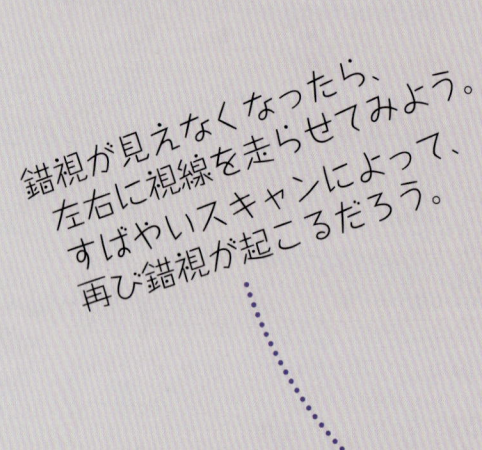

錯視が見えなくなったら、左右に視線を走らせてみよう。すばやいスキャンによって、再び錯視が起こるだろう。

蛇の回転

北岡教授の作品のなかで最も有名なのが、2003年に発表されたこの「蛇の回転」だ。これを模倣したイメージがたくさんのアーティストによってつくり出されている。「蛇の回転」は、とぐろを巻いた青と黄の蛇に見立てた輪の重なりを描いている。一点を見つめるのではなく、イメージ全体に視線を走らせると、輪がゆっくり回りはじめる。

めまいがする

この錯視は 1981 年にイスラエルの画家、イシア・レヴィアントが発表したのだが、現在でも見る人を惑わせている。イメージの中心を 2～3 秒ほど見つめていると、黒い円の部分がキラキラ、チカチカ光りはじめる。これは光が円のなかをかけ回っているように見えた後で起こる。

回転する円柱

この錯視にもびっくり。青い円と楕円が描かれているだけなのに、脳はそうは受け取っていない。3 本の円柱があり、しかもその円柱が回転しているように見えるのだ。

盲点 とは何か？

すべてを見ている視覚器官だと思っている網膜が完全無欠ではないと知ったらショック……。でも実際、網膜には全然ものが見えない部分がある。視神経は網膜の一部を通って目とつながっている。網膜のその部分には視神経がびっしり集まっていて、視細胞（桿状体と錐状体）は存在しない。つまり、ものが見えないので盲点という。現実には、日常生活で盲点を意識することはめったにないが、盲点をうまく利用した錯視もある。

人間の目に盲点があることを最初に発見したのはフランスの科学者、エドム・マリオットで、1660年にさかのぼる。目の解剖をしていたときに盲点に気づいたマリオットは興味をそそられ、自分の視覚で実験し、どの人の目にも左右にそれぞれ1ミリメートル弱の盲点が存在することを発見した。当時は、視神経にごく近いこの部分は光に対してきわめて敏感だと考えられていた。盲点があるのは人間だけではない。ほぼすべての生物に盲点がある。例外は頭足類（イカ、タコ、オウムガイなど）だ。イカやタコは視神経が網膜の外側を通っているので、盲点がない。ちょっと、うらやましい。

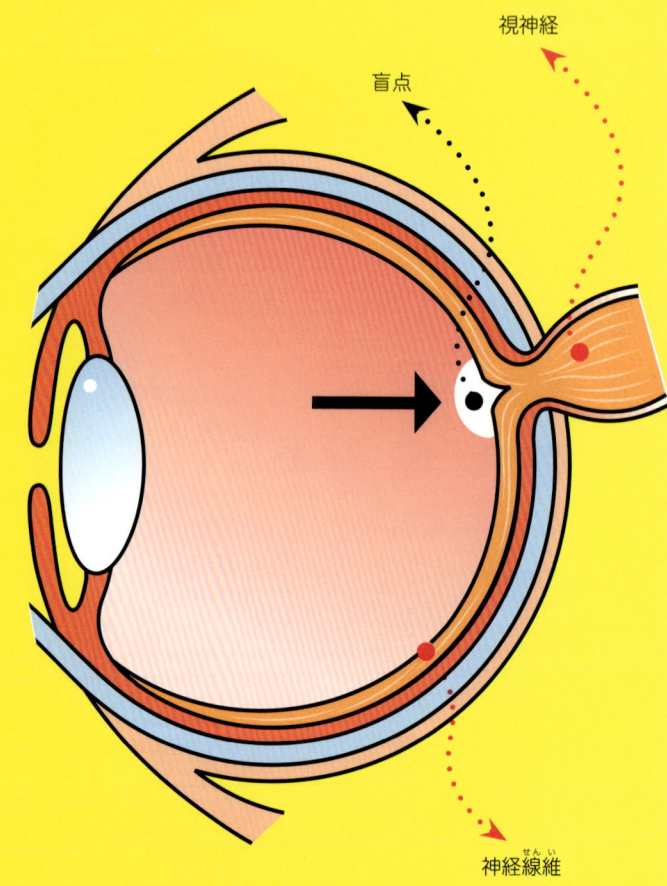

視神経

盲点

神経線維

盲点の場所

ここで示した目の図は、視神経と網膜の前面を走る神経線維を描いたものだ。神経線維はほぼ透明だが、それでも光は網膜に到達する前に神経線維を通過しなければならない。盲点は視神経が網膜をぬける場所だ。

1 2 3 4 5 6 7 8 9

自分の盲点を見つけよう

2種類のテストを用意したので、やってみよう。どちらのテストでも、頭を動かさないようにして、右目を閉じて左目で数字を読んでいく。1、2、3……と順番に。上の絵の場合、4のあたりまで花が見えるだろう。花が見えなくなっても心配ない。7あたりからまた見えるようになる。花が見えないのは、その像が盲点を通過しているからだ。下の絵でも同じことが起きる。4から7の間で、紫のラインの切れ目が見えなくなって1本に見えるだろう。

1 2 3 4 5 6 7 8 9

象が消える魔法

象を消すなんて、冗談でしょ、と思うかもしれないが、百聞は一見に如かず。本を手にもち、腕をまっすぐ前に伸ばし、左目を閉じて右目で魔法使いをじっと見る。本をゆっくり近づけてみよう。魔法使いが杖でコツコツ地面をたたいて呪文を唱える。「アブラカダブラ！」一瞬、象が視野から消える。魔法、いや、正確には盲点を利用したのだ。

両目で見る

盲点の話では、片目で見ることをテーマとした。では、両目で見るとはどういうことかを学んでいこう。人間の目は頭部の前面にあるので、前はよく見えるが、横はあまり見えない。鳥や馬、トカゲなど、目が横にある生物の視野は 300 度を超えるが、左右の目の視野が重なる部分はとてもせまい。

人間の左右の目は微妙に異なる像をとらえているので、目が少し離れているのはとても重要だ。右目と左目では対象物を見る角度がわずかに異なるので、そこから生じる微妙な差を比較して、脳は対象物の奥行きと距離を計算する。両目は片目に勝るというのが信じられないなら片方の目を閉じて、キャッチボールをしてみる、あるいは針に糸を通してみるといい。片目ではどんなにむずかしいか、よくわかるだろう。

視野とは何か？

視野とは、ものを見るときにみえる範囲をいう。人間は目が頭部の前面にあるので、前方の視野が広い。それぞれの目が見ている光景は大部分が重なり合い、両方の目で見る（両眼視）ことができる。このおかげで、奥行きと距離を認識できる。両側の端は片目でしか見ていないので、奥行きと距離が正しく認識されない。

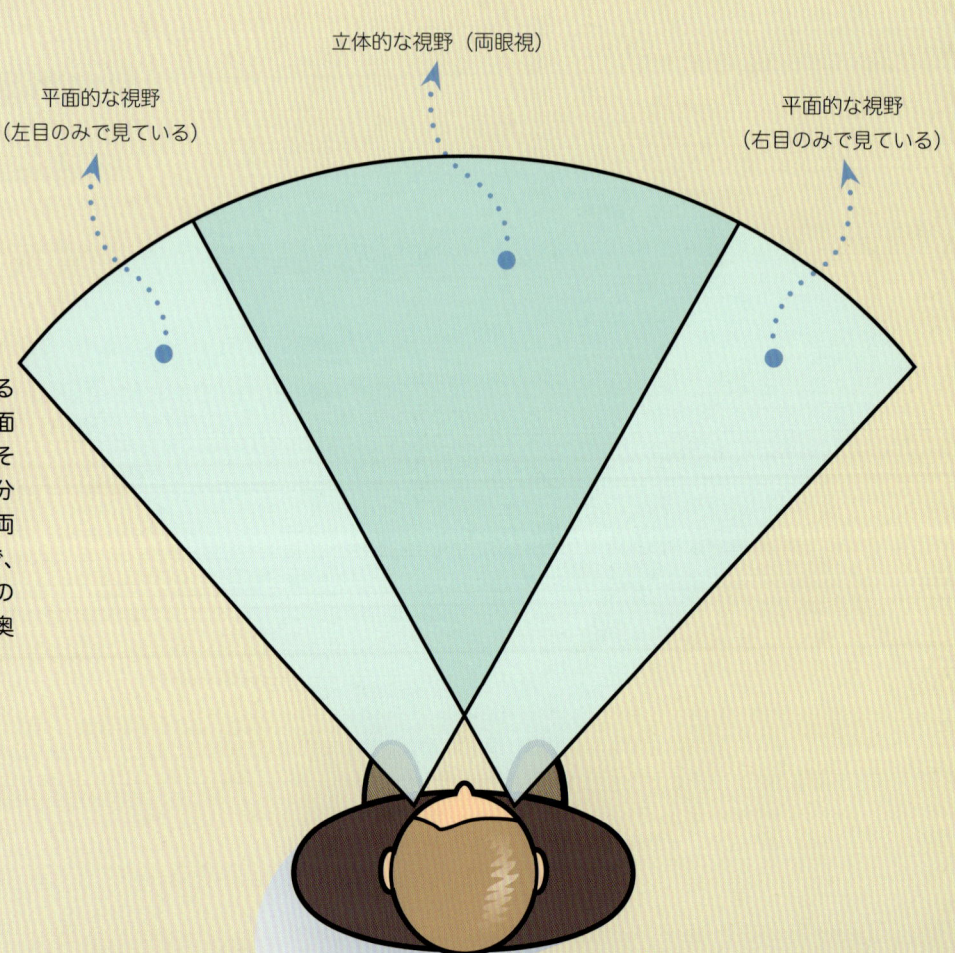

立体的な視野（両眼視）

平面的な視野（左目のみで見ている）

平面的な視野（右目のみで見ている）

手に穴をあけてみよう

　左右の目は違った光景を取り入れ、脳がそれらをひとつにまとめて完全なイメージをつくる。これを証明するおもしろい実験をやってみよう。

　厚紙の長い筒（ラップの芯など）を右目に当て、白または薄い色の壁面をのぞき見る。次に顔の前で筒と並ぶように手をもってきて、左目で筒をのぞき、右目で手のひらを見る。何が見える？

　あわてなくても、大丈夫。見えた穴は実際には存在しない。脳が左右の目から入ったそれぞれの像を合成してできたイメージだから。右目から入ってくる像の大半は筒の内側の暗い部分のため、脳は明るい光に注意を向け、左目から入ってくるはっきりした手の像と合成する。もうひとひねりするなら、誰かに頼んで、少し離れたところで筒から見えるように指をゆり動かしてもらおう。奇妙なイメージが見えるはずだ。

左目の像　　　　　右目の像

視差とは何？

視差とは、異なる位置から見たとき、たとえば、右目で見るときと左目で見るときもそうだが、対象の見かけの位置が異なることをいう。脳は右目で見たときと左目で見たときとの視差を利用して、距離を測っている。視差が小さい場合、対象物は遠くにある。視差がどんなものか、実際に片方の目で見るとわかる。親指を立てて、遠くにある木や旗、建物に親指を重ねる。右目だけで見た後、左目だけで見てみると、親指が動いて位置が変わったように見えるだろう。

残像とは何か？

残像とは、何かを見ていて、見るのをやめた後もしばらく見えるイメージをいう。残像は、網膜の視細胞と視細胞につながっている神経細胞とによって起こる。何かをずっと見ていると視覚が固まったようになる。すると神経細胞はリセットするための時間をとって、新たな対象に備える。その短い間に残像が現れる。これがなかなかすごい錯視をつくり出すのだ。

気づいていないだろうけれど、誰でも毎日、残像を見ている。たとえば、車のヘッドライトのようなまぶしい強い光を受けて目がくらんだ後で遠くを見ると、視野のなかに黒っぽい、目が受けたのと反対色の点が見えるだろう。残像は反対色で現れることが多い。神経細胞が赤と緑、青と黄のような反対色を1組としてとらえているからだ。赤と緑に反応する神経細胞を考えてみよう。緑をずっと見ていると、この神経細胞は緑に対する反応が鈍くなって、赤に対して敏感になる。だから、下の旗の緑の線をじっと見た後で視線をほかに移すと、赤色が見えてくる。

変な色の星条旗

何も書いてない白い紙をこの本の横に置けば準備完了。星条旗にしては変な色だが、このイメージの中心にある白い点を45秒見つめるのだ。そして白い紙を見てみよう。正しい色彩の星条旗が見えるはずだ。

本当の色が見える

アメリカのモニュメント・バレーのイメージが2枚。まずは、おかしな色のイメージ（上）の中心にある点を45秒見つめてほしい。そしてすばやく、下の白黒写真を見てみよう。するとどうだろう。正しい色彩の風景になるはずだ。オレンジ色の岩に青い空。視線をはずすとすぐに、もとの白黒写真に戻ってしまう。

ただようドクロ

ドクロの目のくぼみにある×印を30秒以上じっと見つめる。そして明るい色の壁などに視線を移してみよう。鳥肌の立つような光景が……ドクロが目の前にうかんでいる！　ゾッとするよね。

灰色の影

灰色と聞いてもあまり心はおどらないが、さまざまな灰色の影がつくり出す錯視には驚かされ、魅せられてしまう。右ページのハーマングリッドのように、側抑制によって錯視が起きるものもある。側抑制について説明しよう。網膜につながった神経は何らかのイメージを見ると、シグナルを送る。このとき、シグナルを送る神経は周囲の神経がシグナルを送るのを制止または抑制する。この働きのおかげで、見ているものの境界がわかりやすくなる。また、脳で処理される情報の量を減らすフィルターの役割も果たしている。

下のイメージでは側抑制が働いて、同じ色の正方形が周囲の明暗によって明るく見えたり暗く見えたりしている。周囲が明るいほど正方形が暗く見えるのは、周辺の神経からの抑制量が大きいからだ。

灰色の点を見つけよう！

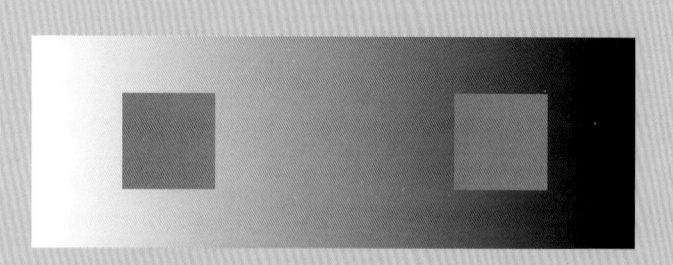

明るいのはどっち？

長方形のなかの2つの正方形はどちらが明るいだろう。右側のほうが明るく見えるかもしれないけど、2つの明るさは同じだ。正方形の周囲の明暗に視覚が影響を受けたのだ。

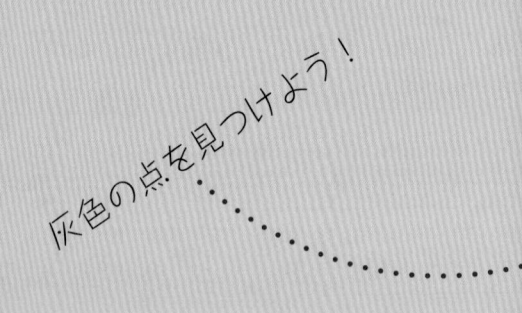

マッハの帯

このイメージにはいくつかの灰色の帯が並んでいる。それぞれの帯は端から端まで同じ明るさだろうか。そうは見えないだろうけど、同じだ。帯の両端で側抑制が起きている。左端は暗い帯に接していて、より明るく見えるし、右端は明るい帯に接していて、より暗く見える。

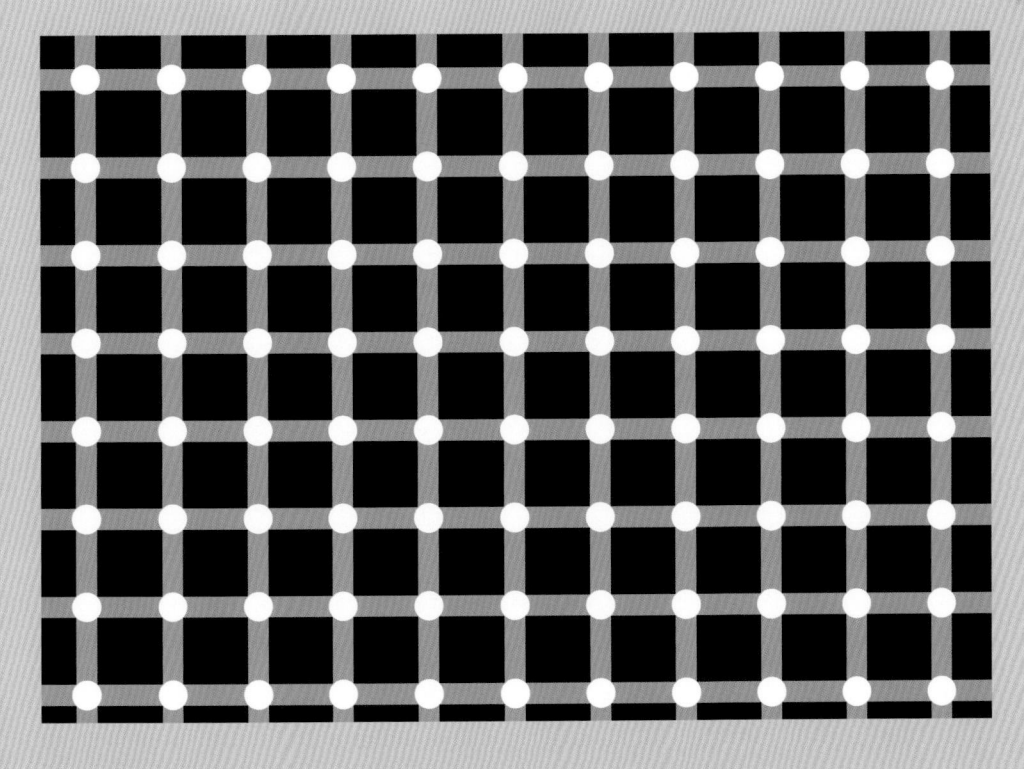

うかび上がる灰色

これは 1870 年に発見された有名な錯視で、発見者のドイツ人科学者ラディマー・ハーマンにちなんでハーマングリッドと命名された。黒地を正方形に仕切る格子を見ていると、白線の交点にぼんやりと灰色の点がうかび上がる。この錯視は焦点(しょうてん)を合わせたところから離れた位置で起こりやすいが、それは側抑制が視覚の中心から離れたところで起きやすいからだ。交点のひとつに注目すると、その交点から灰色の点は消えてしまう。

きらめく格子

この錯視はハーマングリッドの変形で、格子を灰色にし、交点を白い円にしたもの。隅(すみ)のほうから中心へ視線を動かすと、格子上でランダムに黒い点と白い点が現れたり消えたりするのだ。

光と影 <ruby>影<rt>かげ</rt></ruby>

色を識別し、光と影の明暗を見分ける能力は、生き残るために重宝だ。この能力があるから、まわりがゴチャゴチャしているなかから目的のものを取り出せる。もし、この能力がなかったら、<ruby>背景<rt>はいけい</rt></ruby>が白と黒だけであっても、そこから目的のものを見つけるのは<ruby>困難<rt>こんなん</rt></ruby>だ。色を見分ける能力は原始時代の人々の<ruby>生存<rt>せいぞん</rt></ruby>にも役立ってきた。果実やベリーが明るく色づけば、食べごろだとわかるし、生命をおびやかす<ruby>毒蛇<rt>どくへび</rt></ruby>などを見つけ出すこともできる。ただし、わたしたちがちゃんと見ていると思っている色や明暗は、常に正しく対象をと

らえようとしている<ruby>脳<rt>のう</rt></ruby>をだますことがあるのだ。

色は<ruby>網膜<rt>もうまく</rt></ruby>にある<ruby>錐状体<rt>すいじょうたい</rt></ruby>で感知されるが、目にした光景のさまざまな要素のせいで、同じ色であっても<ruby>違<rt>ちが</rt></ruby>う色として<ruby>処理<rt>しょり</rt></ruby>をしてしまうことがある。たとえば、周囲の色が黒っぽくなると、実際の色より明るく見える。脳はまた、影ができている光景を対象物として<ruby>認識<rt>にんしき</rt></ruby>したときにも<ruby>影響<rt>えいきょう</rt></ruby>を受ける。次のページにのせた2つのイメージはこの例だ。

小さい<ruby>紫<rt>むらさき</rt></ruby>の正方形を、比べよう。まったく同じ明るさかな？

あざやかに、そして明るく

すぐ上のイメージで、オレンジ色の正方形がなかに<ruby>描<rt>えが</rt></ruby>かれた2<ruby>枚<rt>まい</rt></ruby>を見てみよう。どちらのオレンジ色が明るく見える？ 赤い背景に描かれた左のほうと答えるだろうね。でも、実際には明るさはまったく同じ。その上の2枚に描かれた紫の正方形も明るさは同じ。背景を黒っぽくすると、その内側の色は明るくあざやかに見える。この現象は<ruby>彩度<rt>さいど</rt></ruby>対比とよばれる。

本当に同じ色？

R・ボー・ロットは、脳がものごとをどのように認識するかを研究するために、ロット研究所を設立した神経科学者だ。この錯視はロット研究所が発表した。2つの立体の端がそれぞれ、白と暗い灰色になっているので、立体の面はまったく別の色、片方は灰色、もう一方は白で影がついているだけと脳は思いこまされている。実際は両方とも同じ灰色だ。境界の部分を指で隠すと、同じ色であることがよくわかる。

どっちの色が濃い？

これはエドワード・H・エーデルソンが1995年に発表した錯視で、チェッカーシャドー錯視として知られている。AとBではどちらの色が濃いだろう？　みんな「A」と答えるだろうけど、それは間違い。びっくりしたんじゃないかな。AもBもまったく同じ灰色だ。もう一度見て。答えを聞いてもそうは見えないよね。証拠がほしい人は63ページを見てみよう。

色は魔術師

これまで見てきたように、色や明暗については、脳はいつも正しく理解しているとはいえない。ひとつの色を取り出してそれだけ見ているわけではないからだ。別の色が併存または混在している状態で、光景の一部としてものを見ている。脳が色を認識するとき、見ている対象物の色が周囲の色に影響されることがある。

　脳が混乱する錯視を下に示した。矢印で指した2つの四角形が何色か答えてみよう。左のイメージでは下の角の四角形は緑がかった青で、右のイメージでは上の角の四角形はピンク系の色……かな。

　驚きの真実を明かせば、この2つは同じ色の灰色だ。何が起きているかというと、脳はそれぞれのイメージから得られた光の情報について推測するが、その光は周囲の色に影響されている。そのほかの色の錯視に、赤とピンクのX（右ページ上）やムンカー錯視（右ページ下）がある。周囲の色によって脳がだまされるのを利用した錯視だ。

ガーニーの錯視

これは米国を拠点に活躍する画家、ジェームズ・ガーニーによる錯視だ。矢印で示した2つの四角形を見てほしい。この2つの四角形だけを見るとよいのだが、そのままではむずかしいなら、小さな窓をくりぬいた紙で周囲を隠してみよう。さあ、何色に見えるかな？

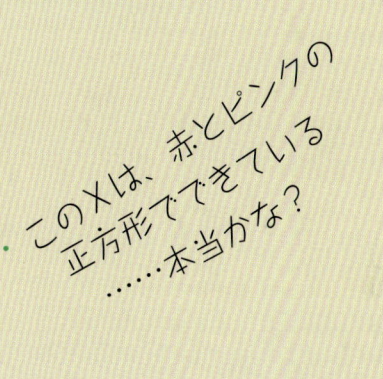

Xの色

このXは赤とピンクの正方形でできている。そう見えるが、実際はXをつくっている正方形は全部同じ色だ。緑の正方形に囲まれると赤く見え、白い正方形に囲まれるとピンクに見えるのだ。

このXは、赤とピンクの正方形でできている……本当かな？

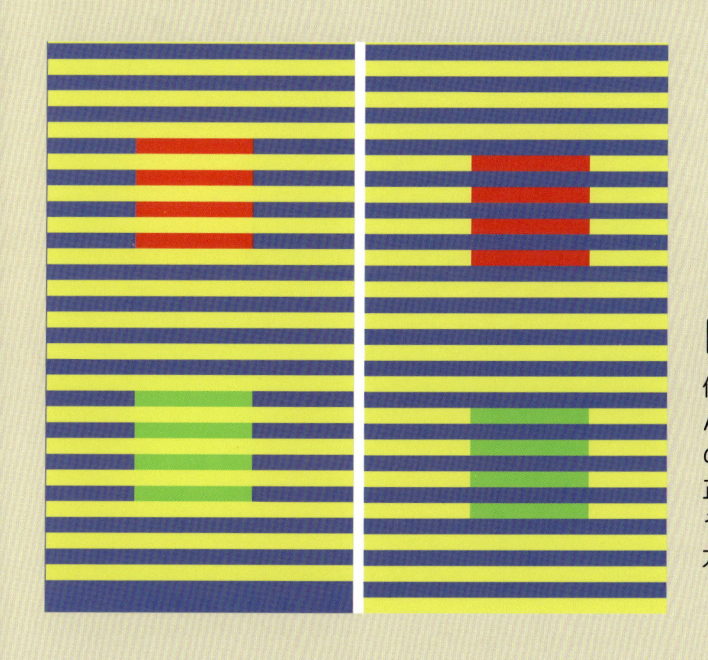

どっちも同じ色？

信じられないかもしれないけれど、上の段に描かれた真んなかの正方形はまったく同じ赤系の色だ。そして、下の段の正方形はまったく同じ緑系の色だ。上段も下段も、正方形を横切るラインが青か黄色かによって見え方が違うのだ。黄色のラインが横切っている左のイメージの正方形は、実際の色より明るい色と勘違いされている。

脳は休まない

脳は休む暇がない。本当にたくさんの、そしてさまざまな情報が感覚器から入力され、脳からは1分あたり何百万ものシグナルが送り返される。これらをさばくために、脳は過去の経験や記憶に基づいて、比較や推定を行う。現在の科学の力では、こうしたことがどのように行われているか完全にはわかっていない。それでも、脳がときとして間違えることやだまされてものごとを違ったふうにとらえることはわかっている。

脳が情報処理を誤る例を3つのせた。2台のテーブルの錯視はスタンフォード大学のロジャー・N・シェパードにより1990年代に作成された。一方、ジャストロー錯視（右ページ、下）はそれより100年ほど前に発見された。どちらも大きさを比較しているが、脳が間違ってとらえていることがわかる好例だ。

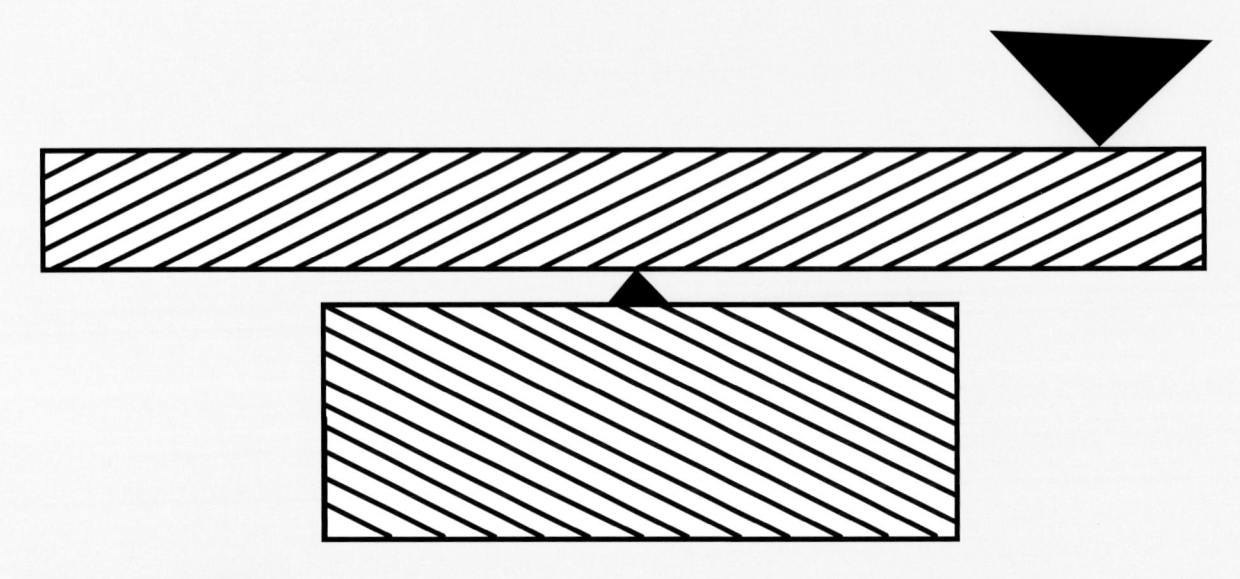

バランスの問題

斜線をつけただけの天秤（シーソーに見えるかもしれない）が描いてある。三角形のおもりが頂点で右側にのっている。右側が下がっているように見える……が、それは間違いだ。天秤は水平だ。

右が下がって左が上がって見えるという錯視が起きたのにはいくつかの要因がある。斜線の模様も一因だし、おもりが天秤のさおを押していると推定したのも一因だ。

長いテーブルはどっち？

どちらのテーブルが長い？　一目瞭然（いちもくりょうぜん）だ。いや、思っているほど瞭然ではない。脳は、左側のテーブルのほうが奥行（おくゆ）きの方向に長さがあるととらえ、左のほうが長いと判断したのだ。ものさしでそれぞれのテーブルの長いほうの辺を測ってみると、答えがわかる。

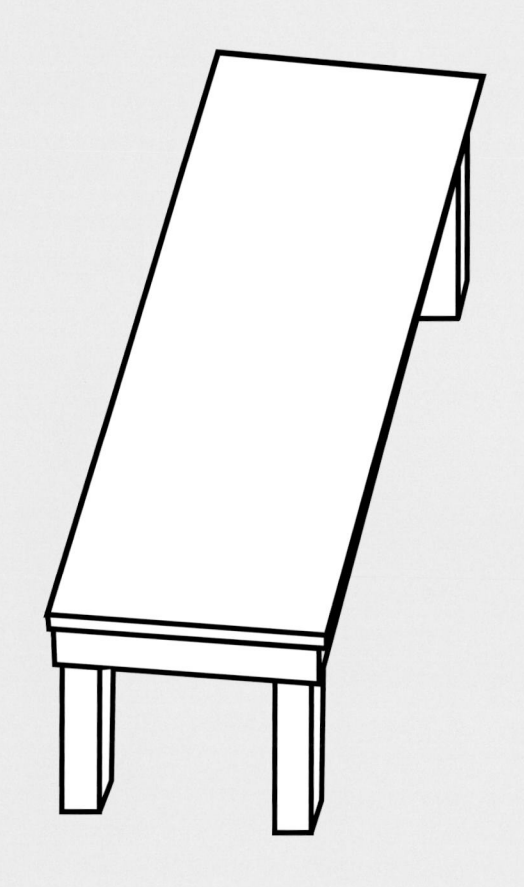

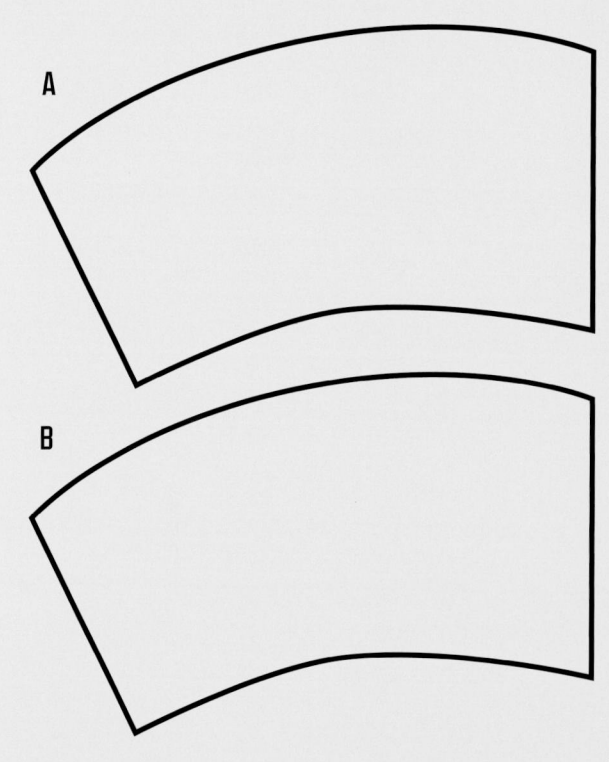

長い弧（こ）はどっち？

BはAより長い？　考える時間は5秒。はい、答えて。イエス……？　残念ながら、違う。AとBは同じ大きさだ。

紙切れでAを隠（かく）して、Bの上側の弧と下側の弧の長さを糸で測ってみよう。上の弧は下の弧よりも長いのがわかるだろう。AとBの大きさを調べるとき、脳と目は近い弧を、つまりAの下側の弧とBの上側の弧を比較する。Aの下の弧はBの上の弧よりも短いので、Aのほうが小さいと判断したのだ。

驚きの<ruby>驚<rt>おどろ</rt></ruby>サイズ

　視覚系も毎日大変な重労働をしている。その労働には、見ている対象の大きさを計算することが含まれている。そんなの簡単な仕事だろう、網膜に映る像が大きいなら、その対象は大きいはずだから、と思われるかもしれない。だが、それでは対象がどのくらい遠くにあるかを考慮していない。間近に見る豆粒は目いっぱい大きくみえるし、空高く飛ぶ長さ 100 メートルの飛行機は点のように小さく見える。

　人間の視覚系は、対象、対象までの距離、対象のまわりの物体、同種の物体について過去にたくわえた知識を考慮して対象の大きさを判断しなければならない。目と脳は見ている対象が複数あると、たがいに大きさを比較することがある。けれども大きさを比較する場合、同じ光景のなかに別の物体があるせいで錯覚を起こし、その錯覚に影響されて正しく判断できないことがある。

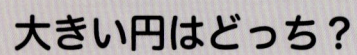

大きい円はどっち？

青い円とオレンジの円で描かれた上の 2 つのイメージを見て、オレンジの円はどちらが大きいか、答えてくれる？　右？　本当に？　残念！　同じ大きさなんだ。これはエビングハウス錯視といって、大きさの感覚が周囲の物体に影響されることを示している。

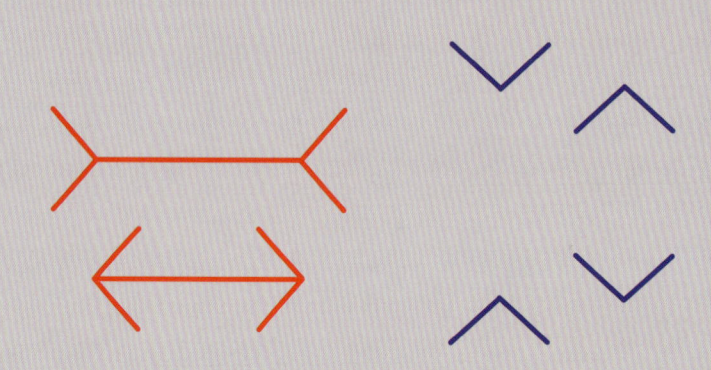

ミュラー・リヤー錯視

上に描かれた 2 本の赤い線の両端には矢羽がついている。矢羽の間の線分はどちらが長いかと聞かれたら、「上」と答えるだろう。この 2 本の線分は同じ長さだが、上の線は矢羽が外に向かって伸びるような印象をあたえるため、間の線分が長く見える。これはミュラー・リヤー錯視とよばれ、矢羽の間の線分がなくても、同じ効果が得られる。実際に青い矢羽の組み合わせを見てもらえばわかるが、左の組み合わせのほうが右の組み合わせよりも矢羽が離れて見える。ところが、ものさしで角と角の間を測ると、同じ距離であることがわかる。

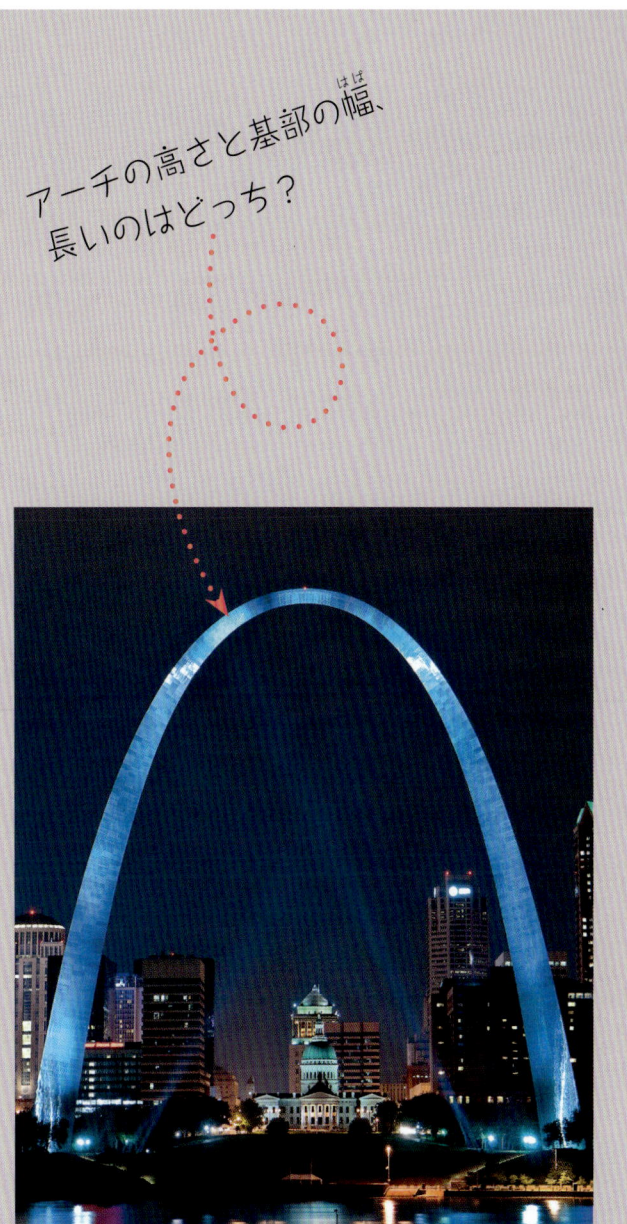

アーチの高さと基部の幅、長いのはどっち？

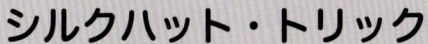

シルクハット・トリック

いかにも紳士といった男性のすてきなシルクハットの高さと幅を比べてみよう。高さのほうが長いという人がほとんどだろう。しかし、驚くなかれ、どちらも同じだ。錯覚におちいる人が多いのは、水平方向の線と垂直方向の線を同時に見ると、脳が垂直方向の線を実際より長く見積もるため、水平方向の線が短く見えてしまうことによる。なぜこうした現象が起こるのか、完全には解明されていない。

巨大アーチの幅と高さ

建築家、エーロ・サーリネンが設計したゲートウェイ・アーチは、アメリカのミシシッピ河の河岸に建つ巨大アーチだ。この写真では、基部の幅より高さのほうが長いように見えるよね。でも、幅は192メートル、高さも192メートル。シルクハット・トリックの実例だ。

遠近法で見る

視覚は3次元の世界を理解しなければならないので、対象の大きさとそこまでの距離を把握するのに何らかの手がかり、あるいはルールを利用する。たとえば、2つの対象を見て、同じものだと脳が考えた場合、大きく見えるほうは近くにあると視覚系は推定する。

「直線遠近法」は複数の平行線が自分の前から遠くへ行くにつれて収束、つまり1点に集まるように見えることをいう。線が収束する水平線上の1点を「消失点」という。2つの対象が存在し、一方が他方よりも消失点に近いとき、消失点に近いほうは遠くにあると視覚は判断する。

何世紀も前に活躍した画家たちは遠近法を知らなかったので、作品は平面的で、奥行きを感じられなかった。直線遠近法を利用することによって、画家やデザイナーは紙のような平面に3次元的な光景を創造できるようになった。それだけではない。気のきいた錯視もつくり出され、見る人を惑わせて対象の大きさの判断を誤らせている。

2本の赤い棒

2本の赤色の棒が線路の上に渡してある。どちらが長い？　答えはどちらでもない。同じ長さだ。脳は、上へ行くにつれてせまくなっている線路を遠近法で見ているので、遠くにあるように見える棒のほうが長いと錯覚する。この効果をポンゾ錯視という。

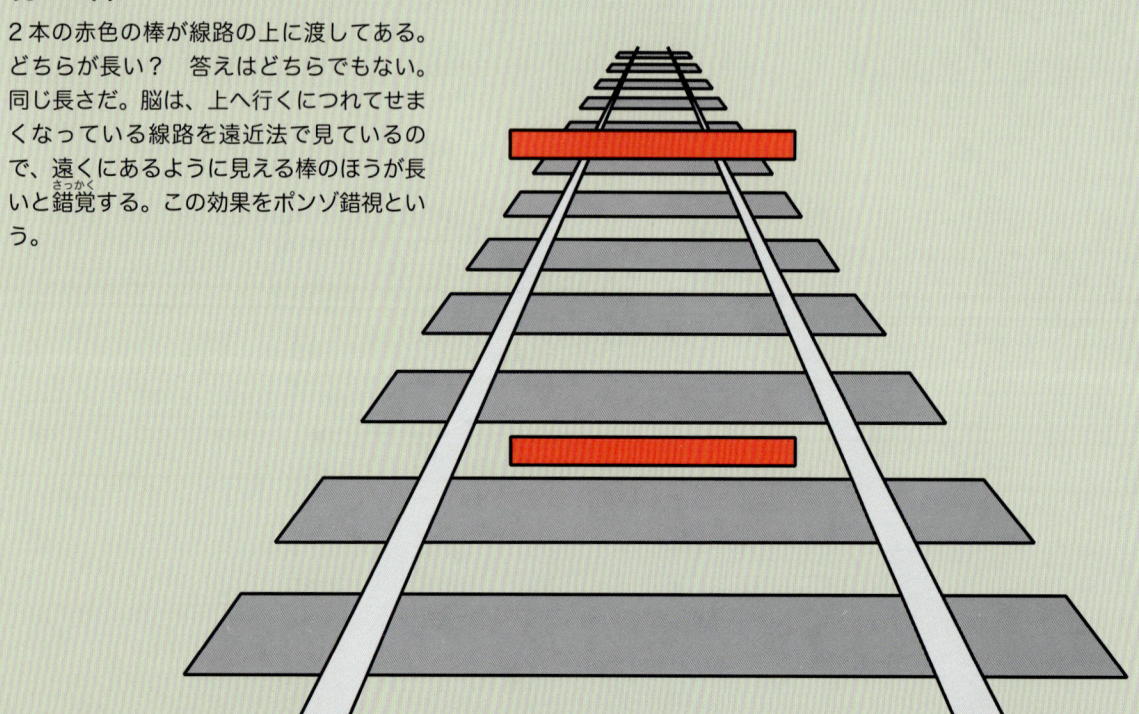

トンネルの錯視

このイメージはロジャー・N・シェパード教授が作成した。小さい怪物とそれを追いかける大きい怪物。同じ怪物……そう、大きさもまったく同じ。線路の代わりにトンネルで奥行きを表したポンゾ錯視の応用だ。後ろにいる怪物が大きく迫ってくるように見えるのは、消失点のすぐ近くに描かれているためだ。

ブロック・バスターズ

もう、ここまでくると、2つのブロックの大きさは、線路の上の棒や怪物のときのように、同じ大きさだと思っているだろう。けれども、はじめにちらっと見たときには、そうは思えなかったはずだ。水平線上にある長方形は遠くにあると脳がとらえているため、その距離を考慮して、大きいと結論づけたに違いないのだ。

本当に直線？

直線が直線でなくなるのはどんなとき？ 脳が直線ではないといったときがそのときだ。さまざまな錯視が視覚を惑わせ、線や平面図形（正方形や長方形など）が本来あるべき形に見えなくなっている例を紹介してきた。これらの錯視は、周囲の色、対象または背景の模様を利用して見る人をだましたのだ。してやられた！

線がまっすぐであるか、角度はどのくらいの大きさか、描かれた2本の線は平行か、などを判断しようとする場合、脳はイメージのほかの部分から影響を受けている。目から集まってくるイメージを理解しようとするとき、背景や他の物体との関連を遠近法に照らして、脳はいとも簡単にだまされてしまう。

ヘリング錯視

下のイメージに描かれている2本のたわんだ赤い線を見てもらおう。ものさしをあてて、線の間を測ってみるとふくらんでいない、そう、線はまっすぐで、2本は平行であることがわかるだろう。放射状の黒い線が中心の消失点に向かう遠近感をつくり出し、脳が錯覚におちいるのだ。

赤い線が上下にたわんで見えるが、本当はそうではない。

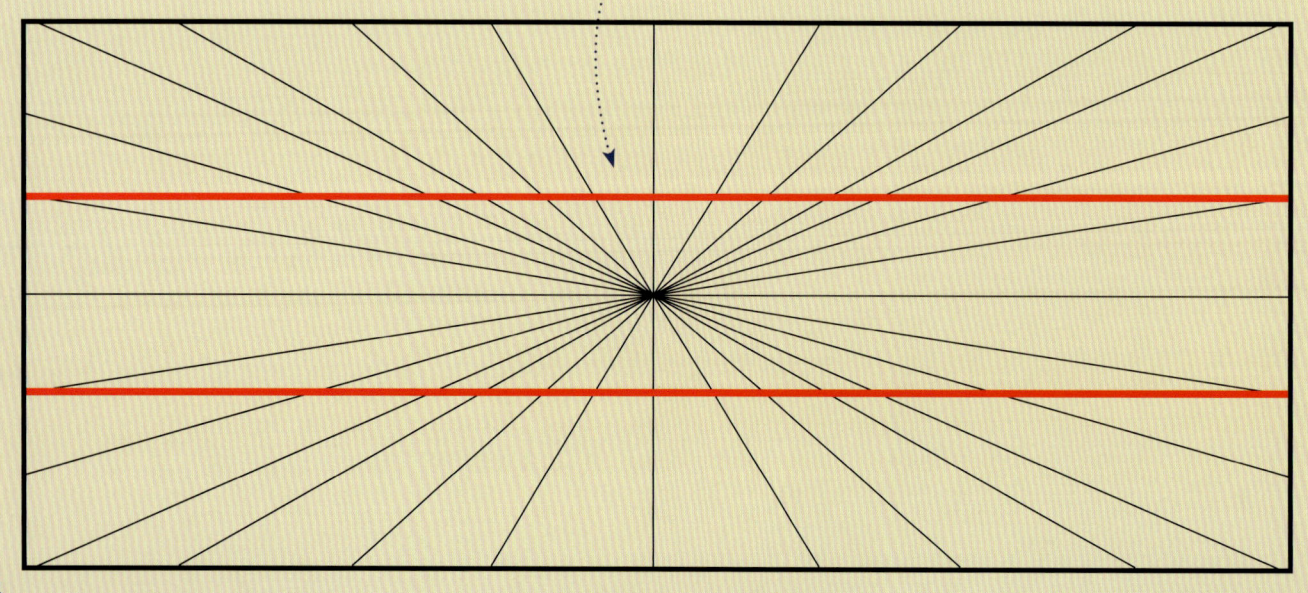

オービソン
錯視

これはオービソン錯視といって、同心円（中心を共有する2つ以上の円）を背景に、正方形を描いたものだ。同心円の効果で、内側にへこんでいるように見える正方形と外側にふくらんで見える正方形が並（なら）んでいるように見える。

カフェの
おかしな壁（かべ）

この有名な錯視は、イギリスのブリストルにあるカフェのタイル模様にちなんで、カフェウォール錯視と命名された。1970年代にスティーヴ・シンプソンが発見し、心理学者のリチャード・グレゴリーが研究発表した。タイルを並べた横線が傾（かたむ）いているように見えるが、実際は、まっすぐでたがいに平行だ。

眺めのよい部屋

　過去の経験は記憶され、脳は対象を認識するためにその記憶を利用する。また、対象の大きさや対象までの距離を推測するために、周辺環境から得られる手がかりを利用する。この手がかりが、混ぜこぜになっていたり、ゆがんでいたり、トリックをしかけられていると、おもしろい錯視が起こる。このページと次のページの写真は、見る角度の変化と遠近法をベースにした錯視で、舞台は記憶にすっかりなじんだもの、部屋である。

　エイムズの部屋（右ページの写真）は、眼科医であり科学者でもある、アデルバート・エイムズ・ジュニアにより 1934 年に考案された。部屋の外からのぞき穴でなかを見ると、ふつうの長方形の部屋だと脳は判断する。なかでは、奥の左右の隅にそれぞれ人が立っている。2 人までの距離は同じに見えるが、1 人は小人、もう 1 人は巨人のようだ。もっとびっくりするのは、巨人が小人のところへ行くと、体が縮んでしまうことだ。

　この錯視の種明かしをしよう。部屋がゆがんでいるのだ。長方形ではなく、台形になっていて、左側の人はのぞき穴から離れたところで立っている。壁は傾斜し、天井も左から右にかけて低くなっているため、右側の人が巨人のように、そして左側の人が小人のようにみえるというわけだ。

何時間でもだいじょうぶ !?

この写真を見てほしい。男性が危なっかしげに、積み上げた机やイスの上でバランスをとっている。じきに男性はもちこたえられなくなるだろう、と脳は告げる。いや、何時間でもだいじょうぶだろう。というのは、男性はイスや机と同様に壁にもたれかかっているからだ。じつは、この部屋は 90 度傾いていて、壁だと思っているのが床なのだ。単純だが、うまいトリックだ。

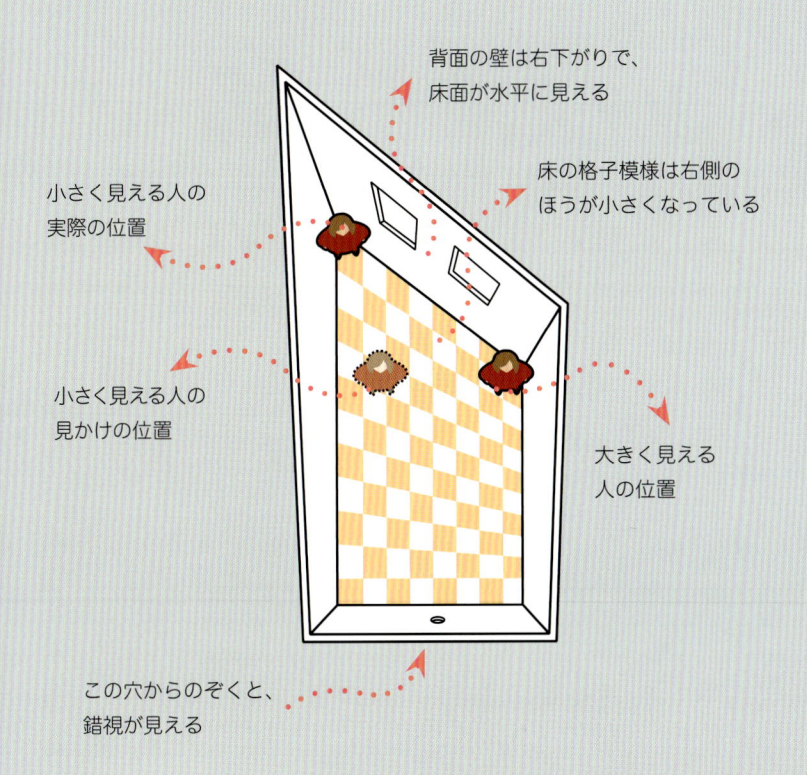

背面の壁は右下がりで、床面が水平に見える

床の格子模様は右側のほうが小さくなっている

小さく見える人の実際の位置

小さく見える人の見かけの位置

大きく見える人の位置

この穴からのぞくと、錯視が見える

巨人がいる !?

そびえたつ巨人のような女の子と、左の隅に立つ小人のような女性をよく見てみよう。小さく見える女性は遠く離れたところに立っているだけだ。しかし、部屋のつくりのせいで脳は見ているところから2人までの距離がそれぞれ同じくらいだと思いこまされている。床の格子模様(こうしもよう)は異なる大きさで色分けされ、みごとに錯視が起きている。2人の女性の足のサイズは同じだが、右のほうのマス目は小さくなっているため、右の女の子の足がとても大きく見える。左のイラストは、この有名な錯視がどのように働いているかを示している。

奥行きの知覚

　脳はたえず、２つの光景や２つの対象をひとつの認識できるイメージにまとめようとしている。その結果、遠近感や奥行きの知覚に錯覚が生じて、ブシェのイス（右ページ下）のようなおもしろい効果が生まれる。

　これまで見てきたように、線路は遠くに向かうにつれて、間がせまくなるように見える。この現象は前方を見るときだけではなく、上を見るとき、たとえば、地面から垂直に天に向かう高層ビルを見上げるときにも生じる。もし、空に向かう物体が２つあって、見上げた先で接近しないなら、それらはたがいにそれて、つまり離れていくように建っていると脳はとらえる。それが高じて、下の「斜塔錯視」となっているのかもしれない。

　奥行きの知覚に関する錯視のなかでは、ハイブリッド画像はまったく異なるタイプだ。ハイブリッド画像とは２つの異なる画像をひとつに重ね合わせたものだ。一方の画像は近い距離でよく見えるし、他方は遠くからのほうがよく見える。だから、ハイブリッド画像から距離をおくと、最初に見ていたのとは違う画像が見えてくる。

斜塔錯視

有名なピサの斜塔のイメージを見てみよう。右のイメージのほうが大きく傾いているように見えるだろう。実際には、まったく同じ写真だ。この錯視は、カナダのマギル大学の科学者によって発見された。

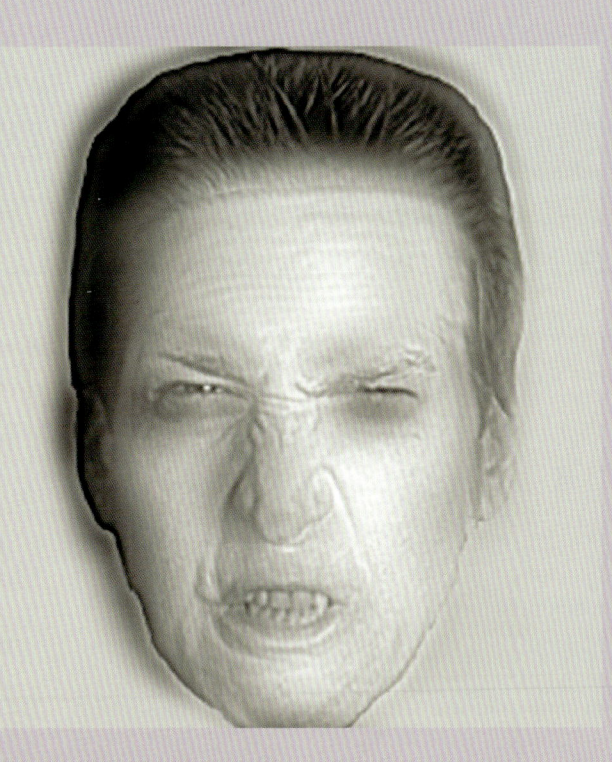
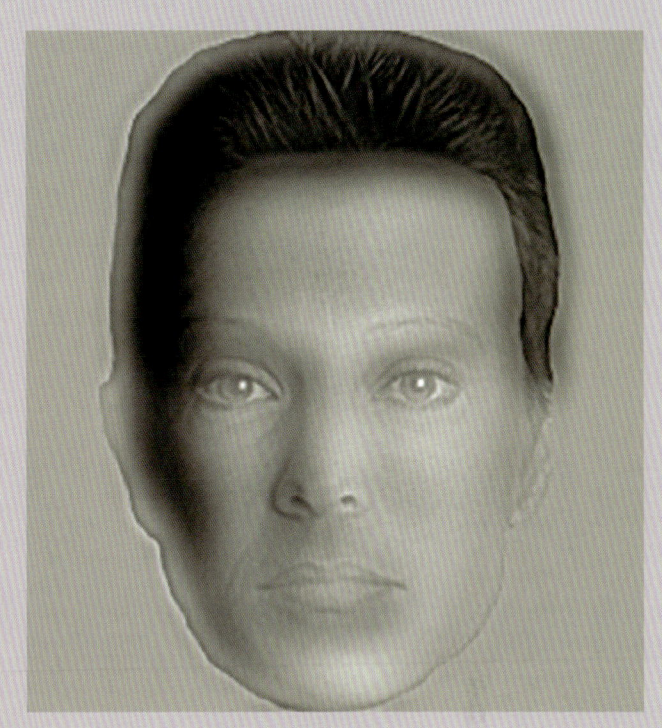

顔が入れかわる？

左側は怒った男性、右側は穏やかな女性に見える。イメージを近くから見ているときは。さあ、誰かに頼んで、本をもって3〜7歩後ろに下がってもらおう。ふしぎなことに、顔が入れかわる。怒った男性は穏やかに、穏やかな女性は怒った顔になる。

イスに座っているのは大人？

フランスのジャン・ブシェが1963年に発表したこの錯視は、遠近法を利用して、ふつうの大きさのイスに小人が座っていると脳に信じこませている。本当は、座っている人はふつうの背の高さで、視点からうんと離れたところにある大きな座イスに座っているだけだ。イスの足は視点に近く、座イスと足がうまく並ぶと、脳は一体化したひとつのイスとしてとらえる。この錯視をどうやってつくるか、63ページを見るとわかる。

トリック写真

この本で扱うトリック写真は写真、映画、芸術で見られるテクニックで、目の錯覚を利用して対象を実際以上に近くあるいは遠く、また、大きくあるいは小さく見せるものをいう。手のひらに小人が乗っている写真を見たことがあるなら、すでにトリック写真を見たということだ。

写真や映像にトリック写真のテクニックを応用するときは、カメラからの距離が異なる2つの対象を一体化させるのに注意をはらう必要がある。カメラの焦点を正しく合わせることも大切で、これができれば、対象が同じ距離にあるように見えるイメージができるのだ。

人を食う……

この写真では、女性が人を食べようとしているように見える。トリック写真の典型だ。女性の食事になろうとしている男性は、カメラから大きく離れたところに立っているので、写真ではとても小さく見える。脳がどのように対象と対象の大きさを認識するかをテクニックとして利用した結果、おもしろくて驚きの1枚ができた。

月を運ぶ人

重いものを運ぶのに、手押し車を使っているところを見たことがあるだろう。それにしても、月を運ぶ？　単純にしてびっくりのこのトリック写真は、慎重に月と手押し車を一体化させた1枚で、フランスの写真家、ロラン・ラベデールの作品だ。

虹を描くアーティスト

もう1枚、おもしろいトリック写真をお目にかけよう。この写真では、ハワイのホノルルの街の空にアーティストが虹をかけたように見える。

とってみよう！　トリック写真

　自分のカメラで（携帯電話のカメラでもＯＫ）、トリック写真をとってみない？　必要なものは忍耐力とファインダーに映る2つの対象が一体化したと見きわめられる目。おもしろい効果を得るには、対照的な被写体を探すとよい。たとえば、大きな建造物をうんと遠くに、友だちをカメラの近くに配置する。シャッターは何回も切ろう。できれば、近い被写体に焦点を合わせるか、無理なら少し離れたところで焦点を絞ろう。最高の1枚をとるために、とった写真をよく見て検討することも必要だ。

いいアイディアがうかばないときは、以下の例を参考にしてほしい。

- 小人をふみつけようとしている巨人
- 遠くにある建造物を支えたり押したりする構図
- 登れそうにない建造物の上でバランスをとる人
- 人間を遠くに立たせて小動物が巨大化して見える構図

空間をうめる

盲点の項目で話したとおり、脳はどんなときも完全な視覚を得ているわけではない。だからといって、不足している情報を補うことをやめてしまっているのでもない。推測によって不足は補われるが、それは、経験に照らして見たことがあると思われるもの、そして、データ処理して得られた最もありそうな結果をベースとしている。この推測が見る人を惑わせる現象につながっている。

異なる形や物体のまとまりを目にすると、脳は往々にしてひとつの光景と判断し、理解できて認識できるひとつのパターン、あるいは秩序に整理しようとする。その結果、架空の輪郭すなわち「主観的輪郭」として知られる現象が生じる。主観的輪郭とは、脳が空間をうめ、色や明るさ、質感を変えることなく、図の輪郭や何らかの図形を見出すことをいう。この現象は、視覚系が見慣れない形を見たときに、別の形と照合すれば説明がつくような場合によく起こる。

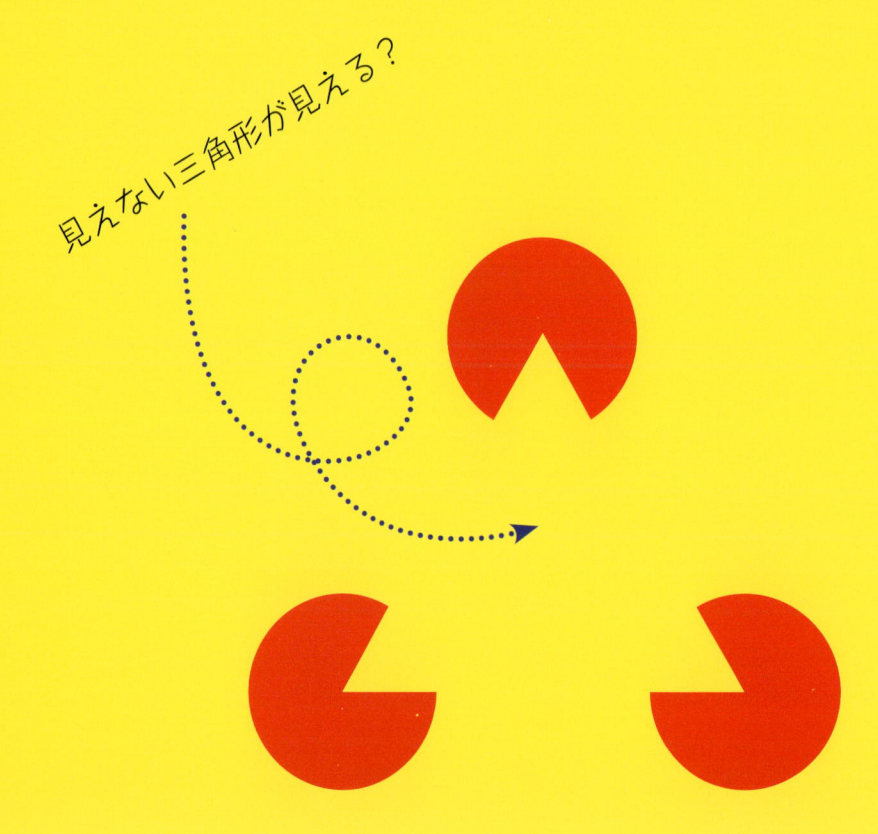

見えない三角形が見える？

パックマンが
つくり出すもの

左のイメージを見てもらおう。何が見える？ 3つの円に三角形がのっていると答えたなら、ふつうの見え方から大きくはずれていないといってよいだろう。そのように答える人が大多数だから。でも、実際には、三角形は存在しない。輪郭はないし、色の違いもない。円からおうぎ形を切り取ったパックマン（コンピュータゲームのキャラクター）みたいな形が主観的輪郭をつくり出している。これをカニッツァの三角形という。

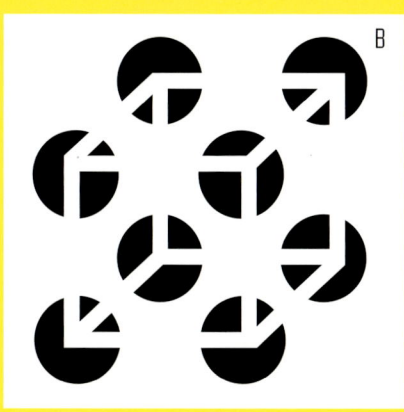

主観的輪郭

主観的輪郭の例を4つのせた。いずれも、脳が空間をうめていて、Aでは正方形の、Bでは立方体のイメージが形成される。また、Cでは球体などないのに、ボールからとげのような円錐（えんすい）が飛び出している

ととらえる。Dでは黒い平行線を背景（はいけい）に楕円（だえん）が見えるが、実際にはこのイメージに楕円は存在しない。目が平行線のセットを2つのまとまりとしてとらえた結果、境界を形成したのだ。

いまだに解明されていない錯視（さくし）

この錯視は1860年に発見され、なぜこの現象が起きるのか、今も解明されていない。右側のイメージを紙片（しへん）で隠して、左のイメージの黒いななめの線を見てみよう。青い線と赤い線のどちらにつながっているかな？　たいていの人は青を選ぶだろうけど、右のイメージを見てのとおり、実際は、赤い線につながっている。ところが、さらに深い謎（なぞ）がある。本を横へもってきて、ちらりと横目で見ると、今度は赤い線と黒い線がつながるのだ。これをポゲンドルフの錯視という。

47

3D トリック アート

何世紀もの間、画家は彼(かれ)らなりの理解で遠近法や陰影(いんえい)を利用して平面に立体感をもたせてきた。昔も今も、究極の手段(しゅだん)としてこうしたテクニックを取り入れたトリックアートは、見る人を楽しませ、混乱(こんらん)させている。

「トロンプルイユ」は、平面に立体的な光景や対象をリアルに表現して視覚(しかく)を惑(まど)わす芸術作品だ。この効果を建物のなかに取り入れて、柱やドア、ドームなどの構造物を平面に描(えが)いて、そこに本当にあるように見せている。

本物のドームじゃないよ。

ニセのドーム

このドームはローマのサンティニャツィオ・ディ・ロヨラ教会で見られるが、これはだまし絵だ。目の錯覚(さっかく)を利用した天井画(てんじょう)で、アンドレア・ポッツォによって1685〜1694年に制作された。光と影(かげ)を巧(たく)みに取り入れ、ゆるやかにカーブした天井を壮大(そうだい)な本物のドームに見せることに成功している。

今日では、ジュリアン・ビーヴァー、ジョー・ヒル、カート・ウェナー、エドガー・ミューラー、トレイシー・リー・スタムといったアーティストがビルの外壁に、また舗装した街中のスペースに、ドキッとするような作品を展示している。これらは脳にトリックをしかけ、通行人はみな、平坦な砂利道やアスファルト面を見つめてしまう。そして、ビルの内部を見ている、穴や絶壁をのぞきこんでいる、と錯覚させる。

通行禁止！

道路に描かれたこのトリックアートはイギリスのアーティスト、ジョー・ヒルの作品だ。映画「ダークナイト ライジング」の公開キャンペーンのために 2012 年、スペインのマドリードで制作された。平坦な地面に描かれているのに、ある決まった位置から見ると、遠近法の効果で穴の深さを感じ、くらくらして落ちてしまいそうな錯覚におちいる。

人が落ちる！

これは名高いアーティスト、ジュリアン・ビーヴァーによるトリックアートで、オーストリアのウィーンの路上に描かれている。落ちていく男性は絵だと脳にはちゃんとわかっている。しかし、しばらくすると、足場や木の板、そして一番高いところでひざをついている男性も、その場に実在しているように見えてくる。実際は、平らな舗装面の一角に描いたチョークアートなのだが。

隠し絵

よく見ると2通りに見えるイメージがあるのをご存知だろうか。そうしたあいまいな、いや、安定状態が2つあるというべきイメージは、視覚系に見る像を選ばせるように描かれている。特別なことをしなくても、目の前にあるイメージを解釈するやり方が2通りあるということだ。

隠し絵を見ると、通常、脳は最初に受けた印象でイメージを解釈する。「ははぁ、自転車に乗った人だな」という具合に。ところが、シグナルが視覚系に到達するころには、脳が別のイメージを見出していることもよくある。どちらのイメージも確かに見えている。それで、脳はどちらのイメージが本物か決められず、2つのイメージの間を行ったり来たりする。これが隠し絵のおもしろさだ。

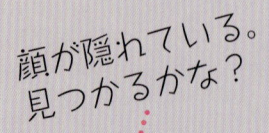

顔が隠れている。見つかるかな？

ダーウィンは
どこにいる？

才能豊かなウクライナの画家、オレグ・スープリヤクは、1枚の絵に2つのイメージを描きこむことで知られている。これは「科学と宗教」という作品で、一見すると、橋の下で若い女性が読書をし、その隣に頭巾をかぶった男が立ち、遠く田園風景が続き……いや、そうかな？　もう少しよく見てみると、老人の顔が見えるはず。あの有名な自然科学者、チャールズ・ダーウィンの。

2つの絵が
見えるかな？

隠し絵をもっと見てみよう。このページの
4点は、一目見ただけではきっとひとつの
イメージしか見えないだろう。しかし、少
し時間をかけて眺めていると、違（ちが）ったイ
メージが見えてくる。2つのイメージが見
えたら書き留めておこう。答えは63ペー
ジをどうぞ。

あべこべ

目が見ているイメージは網膜で上下左右さかさまに焦点を結ぶ。脳はそれを処理して正しい向きの視覚をつくる。脳はときどき、あわてて正しい向きにしようとして、綿密に構成された絵やトリックにだまされる。また、イメージのあり方と想定するあり方が異なるとき、脳はどうにか理解しようと奮闘する。

あべこべイメージで起こる錯視（右ページ、下）は、脳が顔や顔と特定できる特徴を見つけ出して認める能力とかかわっている。脳の特定の部位は顔を認識することを専門としているので、それに長じているとふつうは考える。ただ、この能力は顔の向きが正しい場合に十分発揮されるのであって、180度回転して上下さかさまになった顔では、顔の向きが正しいかどうかよりも、脳は鼻や口などを別々に特定するほうを優先する。右ページの下にあるようなイメージをサッチャー錯視という。1980年にピーター・トンプソンが考案したもので、当時のイギリス首相、マーガレット・サッチャーの写真を使用したことから、こうよばれている。

グラスをトレイの外に出すことはできる？

魔法のトレイ

トレイに2つのグラスがのっている。触らずに、ひとつをトレイの外に出してほしい。さあ、どうする？　簡単だ。本の上下を反対にすればよい。この単純にして効果絶大な錯視を最初に考案したのは、科学者であり、作家でもあるジャンニ・A・サルコーネだ。

老いたメイドと若い王女

<ruby>若<rt>わか</rt></ruby>い王女

2人の女性がいる。1人は年をとっていて、もう1人は若い。この2つは同じイメージで、180度回転しただけだ。このタイプの錯視の歴史は古く、2006年に1700年前の古代ローマ時代のモザイク画が、イタリアのローマから南へ20キロメートルの町、ポメーツィアで見つかっている。そのモザイク画は見る角度によって、若い男が現れたり、あごひげを生やした老人が現れたりする。

本を回転させると……

上のイメージはどちらもふつうの若い女性の写真で、上下が逆になっているだけのように見える。さて、本を180度回転させてみよう。はじめに右側にあった写真はひどく<ruby>奇妙<rt>きみょう</rt></ruby>に見えるよね？　そうなってしまうのは、目も口も上下をさかさまにして切りばりしたからだ。脳は口や目をパーツとしてとらえているが、向きが<ruby>違<rt>ちが</rt></ruby>っていることまでは認識できなかったのだ。

顔、顔、顔

トーストに有名人の顔が見えたり、雲が友だちの顔に見えたことはある？　たぶん、ないよね。でも、チャンスはある。自然のなかの形やしみ、身のまわりの生活用品を観察すると、顔に見えてくるものがある。これを専門用語ではパレイドリアといって、不ぞろいな斑点や模様を意味のある形として脳が認識する現象をいう。

多忙な脳は、いつも目から送られてくるごちゃ混ぜの情報のなかにパターンや法則性はないかと気を配っている。こんがらかったイメージは、パターン化されて理解しやすくなる。パターン化のひとつが顔を認識する能力で、側頭葉と後頭葉が受けもっている。この能力は生存競争に勝つためのツールとして、生まれながらにして備わっていると考える科学者も多い。つまり、他人と家族をすばやく見分けたり、敵と友だちを見分けることができるのだ。一方で、顔を認識する能力は顔がないところにも顔を見つけてしまう。反対に顔を認識する能力が備わっていない、もしくはきわめて低い人もいる。この状態を失顔症（相貌失認）という。

置時計の顔

下の写真は時計の背面だ。ひとつはニコニコしていて、もうひとつはぷりぷりしているように見えない？　おわかりだと思うが、そう見えたのは、不規則に並んだつまみやねじ、カーブした穴を脳が顔のパーツにアレンジしたからだ。続いて、右ページに目をやれば、そこにも顔が見つかるだろう。これは時計ではなく、インターホンのカメラと通話口、そして手紙の投函口だ。

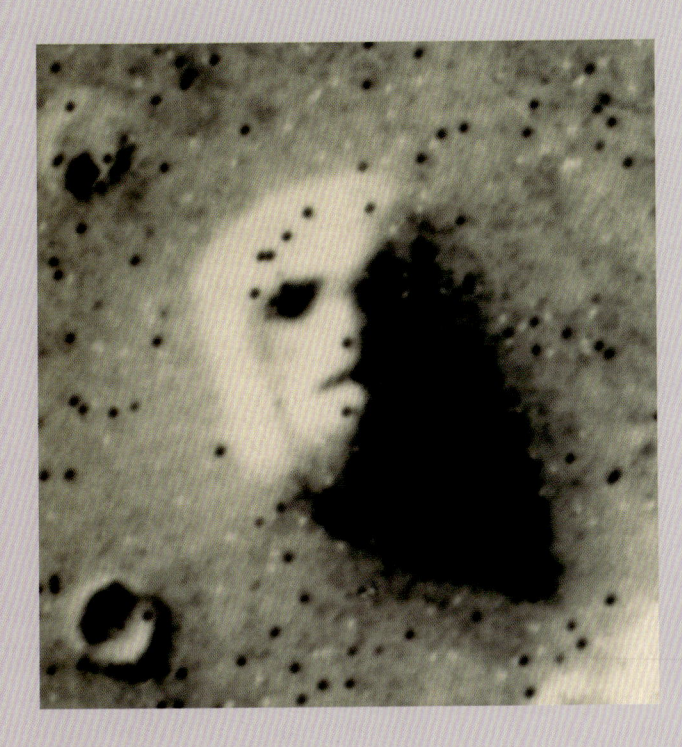

顔は
いたるところにある！

人類は地球上にも地球外にも顔を見つけている。下の写真（右）はスコットランドにある風雨にさらされた岩のかたまりで、グレイマン・オブ・メリックとよばれ、見る角度によって、老人の横顔のように見える。左の画像は、火星の表面にある長さ3キロメートル弱の岩だ。1976年に探査機、バイキング1号からこの映像が送られてきたとき、地球では大きな興奮が起こったのだ。

不可能図形

1956年、ライオネル・ペンローズという心理学者と彼の息子で数学者のロジャーがイギリスの心理学雑誌に「不可能物体：錯視の特殊な種類」という論文を寄稿した。そこには、単純だが奇妙で、理解に苦しむような物体のイメージが広く世界に紹介されている。不可能図形（不可能物体ともいう）は、昔から人々を惑わせてきた。

紙の上で2次元の絵を見るとき、脳はたいてい、3次元の人物や風景、物体として理解する。一定の決まりにしたがってアーティストが作画したという前提があるからだ。不可能図形を描くアーティストはその決まりを破って、異なる視点から異なる遠近法で見た構図をひとつのイメージに描きこんでいる。ここに示した例は単にイラストにすぎないが、3次元的にとらえようとすると、脳は混乱してしまう。現実の空間では、そのような立体は存在しえないからだ。

59ページをみて、自分で不可能図形を描いてみよう。

ありえない図形

この3点は代表的な不可能図形で、脳を惑わせるものだ。左上にある直方体のような図形は筋交いがおかしなふうに入っている。三角形のような図形では、辺を構成する角材の面をたどっていくと、ありえない状態、つまり外側の面から内側の面につながっていることがわかるだろう。右の図は「悪魔のフォーク」とよばれているが、二叉かな？　それとも三叉？

一番高いところは？

階段にいる4人を1人ずつ見てほしい。みんな、おもちゃのブロックでつくった階段を上っているように見える。4つの階段はいずれも次の階段につながっているが、どの階段が一番高いのだろう？　こんなことがありうるのだろうか。なんのことはない。実際、イラストは平面なのに、脳が立体的な物体としてイメージを処理しているにすぎないのだ。

象の足は何本？

ロジャー・N・シェパード教授からの問題。この象の足は何本？　4本って答える？　よく見て、数え直して……混乱してくる……。

究極の光景

不可能図形を最大限に取り入れ、創意にみちた信じられないような光景を展開し、わたしたちの脳に挑戦状をつきつける画家がいる。なかでも有名なのが、オランダ人画家、マウリッツ・コルネリス・エッシャー（M・C・エッシャーまたはM．C．エッシャーと表記されることが多い。1898〜1972年）だ。エッシャーは芸術における幾何学と遠近法に強い関心をもち、これらを利用して、光と影の配置に注意しつつ、ありえない光景を創出した。彼の作品に刺激されたアーティストたちが独自の光景を描き出している。

ありえないテラス

1992年にデーヴィッド・マクドナルドが制作した「ザ・テラス」も脳が混乱する作品だ。ブロックを敷いた面は平らに見えるが、作業者の1人がはしごを上って別の場所へ移動しているところも見える。上半分または下半分を手で隠すと、おかしなところはないが、一度に全体を見ると、理解に苦しむのだ。

本を回転させると……

M・C・エッシャーは、版画で現実性に挑んだ。その作品のひとつが、左のページの「相対性」だ。「相対性」では、わたしたちの考える重力の法則は適用されていないようだ。座っている人や階段を歩いている人など、16人に対してそれぞれ異なる方向に重力が働いているかのようだ。本を45度または90度回転させると、光景が変わる。

課題：不可能図形を描いてみよう！

不可能図形を描くのは、むずかしいことではない。まず、6本の長い平行線を引く。そして、端から2本ずつ組にして、とんがり帽子を描きこむ。柱に見えるように、3本とも右側に少し影をつけよう。

続いて、描いた絵のほぼ全体を紙片で隠す。はじめに引いた平行線の下端が少し見えるようにしよう。曲線で1と5をつなぎ、同じように2と4をつなぐ。そして、赤の点線で示したような2本の曲線を描く。

紙片を取りのぞいて、仕事の成果を見てみよう。ほら、不可能図形が描けたでしょ。

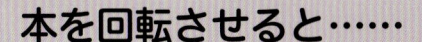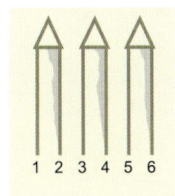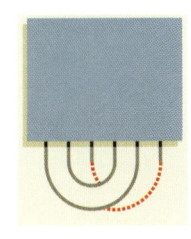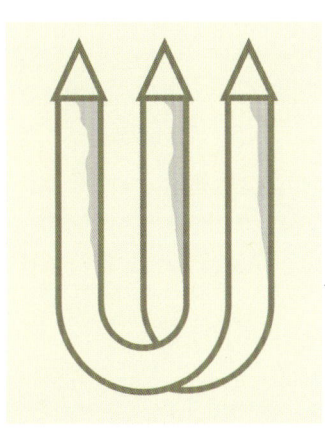

ステレオグラム

ステレオグラムは、適切な方法で見ると3次元イメージが見えるようにつくられている2次元イメージだ。アーティストは、コンピュータを駆使してたくさんのステレオグラムを作成している。どんな絵が隠れているか、一見しただけではわからない作品もある。これらは十分時間をかけて見てみると、驚くような3次元物体が出現する。

ステレオグラムを見たことがないと、3次元イメージを見る方法をむずかしいと感じるかもしれない。見えるようになるまで、あきらめずに、時間をかけよう。右ページのステレオグラムに挑戦するなら、イメージに集中してからリラックスして焦点をずらし、イメージを透かし見るようにする。ページはきちんと平らにしよう。一度やってみて、隠れたイメージが見えなかったからといって、あきらめないこと。

やり方のひとつに、イメージを少しずつ遠ざける方法がある。まず、鼻がくっつくくらい近くで本を見る。その状態では、ページに焦点を合わせることができず、イメージの後方を見ることになる。ページに焦点を合わせないようにして、本をゆっくり離していくと、隠れたイメージが見える位置が見つかるはずだ。

鹿が隠れている？

左がステレオグラムの一例で、ここに隠れている絵を示したのが下の図だ。右ページのステレオグラムがどんなふうに見えるか、参考になるだろう。これは、「カラー・ステレオ」の超天才、ジーン・レヴィンの作品だ。はじめの印象では、色がゴチャゴチャに混じった絵でしかない。しかし、ちょっとよく見ると、木の茂みをくり返し描いているのがわかるだろう。このステレオグラムを実物大で見ると、下図のような大きな鹿が立体的にうかび上がる。感動の光景だ。

アイス・イズ・ナイス

次ページの寒い冬を思わせる光景も、ジーン・レヴィンの作品だ。本を90度回転して正しい向きにし、平らにしてからはじめよう。焦点をうまく合わせて、楽しそうなペンギンに会えるといいね。ご健闘を！　答えは63ページ。

用語解説

隠し絵
錯視の一種で、複数のイメージがふくまれる絵のこと。

角膜
目の前面で、虹彩や瞳孔をおおう透明な膜。

桿状体
光を感知する視細胞で、網膜に存在する。暗所でものがあることがわかるのは桿状体の働きによる。

固視微動
目が小刻みに動いて、微調整しながら焦点を合わせること。

固有受容感覚
体の各部位の位置関係の把握を可能にする感覚。

残像
目の錯覚の一種で、何かを見た後、しばらく視界にイメージが残る現象をいう。

色覚異常
異なる色の違いを識別する能力が低い状態。通常、赤と緑の識別が困難。

視差
2つの異なる位置から見たとき、対象物の見かけの位置が異なることをいう。

視細胞
網膜に存在する、光に敏感な細胞。桿状体や錐状体など。

視神経
目から脳へシグナルを伝える神経線維の太い束。

失顔症（相貌失認）
顔を認識する能力がひじょうに低下、もしくはできない状態。

視野
任意の1点から見ることのできる範囲。

消失点
平行な直線が、遠方で収束する水平線上の1点。

焦点
見たものを鮮明な形でとらえることを「焦点を結ぶ」という。

水晶体
透明な凸レンズ（凸とは、外側にふくらんだ形状）で、虹彩の後ろにあり、目から入った光が網膜上で焦点を結ぶように調節する。

錐状体
色を感知する視細胞で、網膜に存在する。

ステレオグラム
適切な方法で見ると奥行きのある3次元イメージが見えるようにつくられた、2次元イメージ。

側抑制
あるニューロン（神経細胞）が、隣接する神経の活性を抑制すること。

直線遠近法
遠近法の一種で、複数の平行線が自分の前から遠くへ行くにつれて1点に集まるように見えることをいう。奥行きと距離の錯視は、これを利用している。

瞳孔
目の前面にある小さな孔で、ここを通って光が目に入る。

ニューロン
神経細胞を学術的にいう用語。体内で、シグナルを神経系に伝えることに特化した細胞。

盲点
眼球の後ろ側にある小さな部位で、視神経の連絡通路。光に反応する細胞がないため、ここで像をとらえることはできない。

網膜
視細胞の層で、目の後方にある。

両眼視
両目で見たものをひとつの像に脳でまとめる機能のこと。これにより、距離と奥行きの把握が容易になる。

解答

6-7 ページ・見開き　自分の目を信用できる？

◆水から出た魚：魚を 45 秒間じっと見つめた後、すばやく水槽(すいそう)の真んなかに視線(しせん)を移そう。水槽に魚がいるはずだ。

◆色の錯覚：いくつの色があると答えたかな？　赤、青、黄、緑、白、オレンジ、茶の 7 色……残念、違うよ。正解は 6 色。オレンジの正方形（立方体の前側面の真んなか）と茶色の正方形（立方体の上面(じょうめん)の真んなか）はまったく同じ色だ。

◆立方体の数：そのままの向きで見ると、立方体は 6 個だが、90 度回転してみると 7 個になる。

◆トリッキーな弧(こ)：弧は全部、同じ大きさの円から切り取られている。

◆らせん？　円？：らせんに見えるけれど、白黒の輪は円だ。これはフレーザーの渦巻(うずま)き錯視(さくし)とよばれる。

どっちの色が濃(こ)い

13 ページ　目のしくみ

◆色覚異常(いじょう)：74 が見えるはず。

29 ページ　光と影(かげ)

◆どっちの色が濃(こ)い：右上に示したイメージのとおり、2 つの四角形はまったく同じ灰色(はいいろ)だ。

43 ページ　奥行(おくゆ)きの知覚

◆イスに座(すわ)っているのは大人？：右の中段(ちゅうだん)の写真を見れば、どうやってうまいトリック写真をとったかわかるだろう。

イスに座(すわ)っているのは大人？

51 ページ　隠し絵(かく)

◆2 つの絵が見えるかな？：（右上から時計回りに）老女と若(わか)い女性、白くまとアザラシ、花びんと 2 人の横顔、うさぎとアヒル

61 ページ　ステレオグラム

◆アイス・イズ・ナイス：うかび上がるイメージは右図のとおり。

アイス・イズ・ナイス

脳と目の科学・1　ふしぎな目

2016 年 2 月 16 日　初版 1 刷発行

著者／クライブ・ギフォード　訳者／石黒千秋
（翻訳協力　株式会社トランネット）

DTP　高橋宣壽

発行者　荒井秀夫
発行所　株式会社ゆまに書房
　　　　東京都千代田区内神田 2-7-6
　　　　郵便番号　101-0047
　　　　電話　03-5296-0491　（代表）

ISBN978-4-8433-4798-0 C0047